いけばな池坊

歴史読本

History of Ikebana Ikenobo

はじめに

いけばなの歴史は、池坊(いけのぼう)の歴史でもあります。
池坊は、聖徳太子建立の六角堂住職として、
仏前供花(ぶつぜんくげ)を行っていました。日々の勤行で悟りを目指し、
人々の幸せを願って花を手にしていた池坊は、
やがて草木に形を与え、心を映すという文化を生み出します。

室町時代後期、池坊専応(せんのう)が花を飾る行為に意味を見いだしました。
ここから、花に道を求める「華道」が始まります。
そして江戸時代前期、池坊専好(二代)が立花(りっか)様式を大成。
型に表される心を、今日まで受け継いでいます。

本書では、歴代の家元のうち、
特に池坊いけばなの転換期に活躍した人物を取り上げ、紹介しています。
各時代において、人々の思い、願いとともに
発展と進化を繰り返してきた池坊の花を知っていただき、
いけばなの歴史全体を感じていただければ幸いです。

contents

- 03 　はじめに

- 06 　六角堂創建秘話
- 08 　初代住職 小野妹子

池坊人物誌 11

- 12 　池坊家元系譜
- 14 　専慶
- 16 　専応
- 19 　専栄
- 20 　専好（初代）
- 22 　専好（二代）
- 26 　専定
- 28 　専正
- 30 　専永
- 34 　専好（次期家元）
- 36 　いけばな史年表

池坊に伝わる貴重な史料 41

- 42 　聖徳太子絵伝
- 44 　花王以来の花伝書
- 46 　立花之次第九拾三瓶有
- 48 　紫宸殿立花御会席割指図
- 50 　立花図屏風
- 52 　関東台覧立花砂之物図

いけばな池坊
歴史読本

池坊いけばな 花型解説 55

- 56　立花正風体とは？
- 60　生花正風体とは？
- 65　自由花とは？
- 68　生花新風体とは？
- 70　立花新風体とは？

六角堂境内案内 73

- 75　如意輪観世音菩薩
- 76　へそ石・縁結びの六角柳
- 77　太子堂・親鸞堂
- 78　六角堂御幸桜
- 79　いけばな資料館・鳩みくじ・へそ石餅

column

- 10　六角堂は四角形？
- 54　西国三十三所 十八番札所／洛陽三十三所 一番札所
- 72　いけばな以外にも才能開花

六角堂
ろっかくどう

六角堂創建秘話

京都の街中。

オフィスビルが立ち並ぶ烏丸通から六角通を東へ少し入った場所に、そのお寺はあります。

お寺の名前は「紫雲山 頂法寺」。

本堂の屋根が六角形であることから「六角堂」と呼ばれ、近所の方からは「ろっかくさん」で親しまれています。

創建は古く、用明天皇2年(587)に聖徳太子(厩戸王)が建てたと伝えられています。

その縁起※によると……

　四天王寺建立のための材木を探しにこの地を訪れていた聖徳太子が、池で沐浴をしようと念持仏を近くにあったタラノキの枝の間に置きました。

　さて沐浴が終わり、太子が念持仏を取ろうとすると、重くて持ち上がりません。「どうしたことだろう?」と祈ったところ、念持仏が「この地にとどまって、人々を救いたい」と語りました。そこで、太子はこの念持仏を安置するためのお堂を建てることにしました。

　ちょうどその時、東から老翁がやってきたので、お堂を建てるための材木がないかを尋ねたところ、紫雲たなびく禿杉が近くにあるといいます。

　翌日、老翁の教えに従って東の方へ向かうと確かに大きな杉があり、他の材木を用いることなくお堂を建てることができました。

　なお、タラノキの根が六つ出ている所に柱を立てたので、お堂は六角形となり、六角堂と名付けられることとなりました。

以上が六角堂建立のお話です。

縁起では「六」という数字について、安置された念持仏が六臂(腕が六本)の如意輪観世音菩薩であることや、観音が六道輪廻の迷いから衆生を救うことにも通じると述べています。

また、六角堂の詠歌に「わが思う心のうちは六の角ただ円かれと祈るなりけり」とありますが、「六の角」は六根(眼・耳・鼻・舌・身・意)によって生じる六つの欲のことで、この欲をなくし、円満であることを祈って六角形の円堂が建てられたとも伝えられています。

※**縁起**－えんぎ－
　寺社の起源・由来や霊験などの伝説。またそれを記したもの。ここでは建久7年(1196)の奥書を持つ『六角堂頂法寺縁記(起)』(池坊総務所蔵)の内容から。同様の縁起は、建永2年(1207)に書かれた醍醐寺本『諸寺縁起集』、鎌倉時代初期成立の辞書『伊呂波字類抄』、承久元年(1219)成立の説話集『続古事談』にも見られます。

小野妹子
おののいもこ

初代住職 小野妹子

「六角堂創建秘話」で紹介した縁起には、次のようなことも記されています。

- 寺号は、聖徳太子が最初に建てた伽藍※1 ゆえに「頂法寺」とすること。
- 池にちなんで僧の住居を「池坊」と名付けること。
- 小野妹子をもって寺の主とすること。

「頂法寺」「池坊」の名前の由来が示されるとともに、ここで明らかになるのは寺の主……つまり、六角堂の初代住職として小野妹子が任命されたということです。

小野妹子は、聖徳太子が四天王寺建立のための材木を探しに山城国(京都府)の地に赴いた際も同道していました。従って、太子が念持仏の声を聞き、特別な思いをもって建てた六角堂を任せるにあたり、行動を共にしていた小野妹子を抜擢することは自然な流れだったのかもしれません。

小野妹子について詳しいことは明らかではありませんが、推古15年(607)に遣隋使※2 として中国に渡っています。六角堂建立が用明天皇2年(587)なので、隋へ遣わされたのは、六角堂住職を経てからということになりますが、『関東台覧立花砂之物図』(池坊総務所蔵)の巻頭の文章によれば、隋より帰国した後に出家し、「専務」と名乗り、花を立てたといいます。

いけばなの始まりが仏前供花からと考えられているのは、仏教をあつく信仰していた聖徳太子が建立した六角堂で、代々の住職である池坊が花を得意とし、華道成立への道を切り開いたことによります。

なお、池坊では初代住職の小野妹子を道祖とし、命日とされる6月30日に、毎年大阪府南河内郡太子町の小野妹子廟で「道祖小野妹子墓前祭」を執り行っています。

※1 伽藍 -がらん-
サンスクリット語の「saṃghārāma」の音写である「僧伽藍摩」が縮まり「伽藍」に。僧侶が修行する清浄な場所のことを意味し、総じて寺院建築のことをいいます。

※2 遣隋使 -けんずいし-
推古朝の大和政権が推古天皇8年(600)～同26年(618)に中国の隋へ派遣した使節。『隋書』『日本書紀』を併せ見ると遣隋使の派遣は5回以上。
小野妹子の派遣は第2回のとき。その様子は『日本書紀』に記されており、倭王から隋皇帝に宛てた国書を運びました。国書の書き出しに「日出ずる処の天子、書を日没する処の天子に致す……」とあったことに隋皇帝が立腹した話はよく知られています。
この時、隋皇帝は妹子に返書を持たせていますが、これを百済に盗まれてしまいます。しかし、それが本当なのか、それとも紛失したのか、破棄したのかは、さまざまな説が論じられています。
なお、妹子は第3回の遣隋使にも選ばれています。

column

六角堂は四角形？

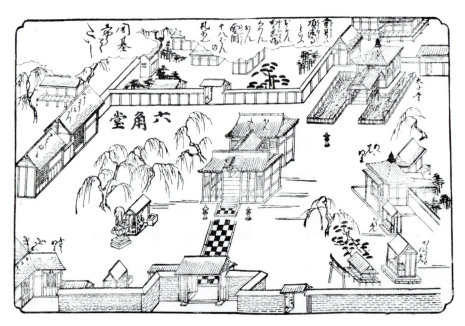

『宝永花洛細見図』元禄 17 年（1704）に刊行された京都の地誌

　現在、六角堂の屋根はその名の通り六角形ですが、今のような建物になったのは、実は正徳 3 年（1713）から。それ以前は四角形でした。
　なぜ、四角形なのに六角堂と呼ばれてきたのでしょう？
　六角堂ご本尊の如意輪観世音菩薩像の大きさは 1 寸 8 分（約 5.5 センチメートル）で、聖徳太子の念持仏と伝えられています。そして聖徳太子がこの如意輪観音像を安置するために建てたのが六角堂なのですが、どうやらこのときのお堂は、如意輪観音像に合わせた小さいものだったようです。
　やがて、ここでお勤めをしたり、お参りしたりする人のために覆屋（おおいや）が建てられましたが、これはただの覆屋なので、その形は普通の建物のように四角いものでした。
　従って、生徳 3 年以前の六角堂を描いた絵図には、四角い建物が描かれているのです。

池坊人物誌

歴代家元の中から、
池坊いけばなの転換期に活躍した
人物を解説します。
各人物を知ることで、
池坊といけばなの歴史が見えてきます。

専慶 | 歴史文献上最初に登場した人物

専応 | いけばなを華道へと高めた人物

専栄 | 『池坊専応口伝』を発展させた人物

専好（初代） | 歴史に残る大作を制作した人物

専好（二代） | 立花様式を大成し宮中で活躍した人物

専定 | 立花の発展、生花の普及に努めた人物

専正 | 女学校での華道教授体制を築いた人物

専永 | 新たな花型である新風体を発表

専好（次期家元） | 次世代を担い初の女性家元となる

池坊家元系譜

元祖 専務（小野妹子） → 2世 専能 → 3世 専秀 → 4世 専和 → 5世 専勝 → 6世 専照 → 7世 専増 → 8世 専明 →

17世 専朿 → 18世 専尊 → 19世 専曙 → 20世 専光 → 21世 専倫 → 22世 専諱 → 23世 専諷 → 24世 専琳 →

32世 専好（二代） → 33世 専存 → 34世 専養 → 35世 専好（三代） → 36世 専純 → 37世 専意 → 38世 専純【重任】 → 39世 専弘

- 大住院以信……華道本能寺
- 高田安立坊周玉
- 十一屋弥兵衛
- 十一屋太右衛門
- 猪飼三枝
- 藤掛似水
  ⋮

参考資料：
『関東台覧立花砂之物図』付属「伝受次序」池坊総務所蔵
『必携 いけばな便利帳』主婦の友社

9世 専承
10世 専栄
11世 専誓
12世 専慶
13世 専慮
14世 専盛
15世 専言
16世 専革

25世 専意
26世 専順
27世 専鎮
28世 専応
29世 専存
30世 専栄
31世 専好（初代）

40世 専定
41世 専明
42世 専正
43世 専啓
44世 専威
45世 専永
次期家元 専好

小原雲心……小原流
岡田広山……広山流
安達潮花……花芸安達流
吉村華芸……龍生派
⋮

13

池坊専慶 (生没年不詳)

―歴史文献上最初に登場した人物―

12th

　専務（小野妹子）から代々、六角堂の住職を務めている池坊ですが、池坊専慶までの住職※1については、詳しいことはわかっていません。しかし、数々の公家の日記などに「六角堂」の記述を見ることができます。平安時代には六角小路（現在の六角通）も整備され、広く「六角堂の前の通り」として認識されていたと思われます。

◆ **専慶の名が記された最古の文献**

　池坊の僧名が歴史文献上初めて確認できるのは『碧山日録』※2の記述によるものです。ここに、専慶の名を確認することができます。

　寛正2年（1461）4月16日の条を見てみましょう。

> 与長法寺之専慶、相会於春公之宅、慶久司其寺務、仍問聖徳太子之事迹、共論其伝之詳略
>
> ●
>
> 長（頂）法寺の専慶と春公（鞍智高春）の邸宅で会った。専慶は長らく寺の実務を取り仕切っているので、聖徳太子の事績について尋ね、さまざまに語り合った。

　六角堂頂法寺が聖徳太子ゆかりの寺であること、そして専慶はその寺の僧であるということはよく知られていたようです。

　専慶の記事は他にも見られ、特に注目されるのが、専慶が花を挿す場面です。

　寛正3年（1462）2月25日の条には次のようにあります。

> 春公招専慶、挿花草於金瓶者数十枝、洛中好事者来競観之
>
> ●
>
> 春公に招かれた専慶が、金瓶に草花を数十枝挿したところ、洛中の好事家が競って鑑賞した。

　また、同年10月2日の条には、次のような記述もあります。

> 春公為王大父宵岸、設施食会、与諸僧相会、専慶来、折菊挿於瓶、皆嘆其妙也
>
> ●
>
> 春公の祖父を供養する仏事が行われた際、専慶がやって来て菊を折って瓶に挿したところ、その妙技に皆が感嘆した。

◆ **『碧山日録』より古い懸仏**

　これらの記事を見ると、専慶が花の扱いに長けていたことがうかがえます。

　さて、この『碧山日録』記述以前の専慶の活動をうかがわせる史料が、六角堂には

残されています。それは懸仏※3といわれる、柱や壁に懸けて用いられる仏様で、銅製の円板の表に如意輪観世音菩薩が浮き彫りになっており、その裏の板に「家信」という人物が諸願成就のため、専慶に祈祷を依頼したという内容の墨書が見られます。この懸仏の奉納は永享8年（1436）となっており、『碧山日録』の記述からさらに25年も前の記録になります。

専慶の生没年が定かではないため、懸仏の墨書や菊を挿したその時々の年齢はわかりませんが、一人前の僧侶として祈祷を行い、『碧山日録』に記載されるまでの交友関係と、花の腕の評判が広まるほどに活躍するには、相応の修行を積んだ人物であったと想像できます。

六角堂に伝わる懸仏

（表面）

（裏面）

※1 池坊専慶までの住職
　池坊の記録では、専務（小野妹子）－専能－専秀－専和－専勝－専照－専増－専明－専承－専栄－専誓－専慶となっており12代を数えます。

※2 『碧山日録』－へきざんにちろく－
　東福寺の禅僧・雲泉太極の日記で、「碧山佳拠」と呼ばれる草庵が名前の由来といわれています。長禄3年（1459）から応仁2年（1468）に及ぶ記述があり、室町時代の様子を知る貴重な史料。

※3 懸仏－かけほとけ－
　銅などの円板に、浮き彫りにした仏像や神像の鋳像を付けたもの。鎌倉・室町時代に盛行し、寺社の柱や壁に懸けて礼拝しました。御正体とも。

池坊専応 (1483〜1543)

―いけばなを華道へと高めた人物―

池坊12代目の専慶以後、28代目に数えられる専応までの代々※1は、資料が乏しく詳しいことはわかっていません。しかし、具体的な名前は記されていないものの、「古池坊」「池坊宰相公」「当池坊」と称された三人が『花王以来の花伝書』※2に登場したり、「頂法寺」や「六角堂」の記事が『御湯殿上日記』※3に見られたりすることから、頂法寺六角堂の僧は、専慶以降も変わらず活発に活動していたと思われます。

◆同朋衆と池坊

専応がいたころ、他にも花を立てることを得意とする人たちがいました。足利将軍家に仕え、座敷飾りの花を担う同朋衆※4たちです。彼らは、中国からの輸入品を部屋に飾るためのさまざまな方法を考え、その中には仏前に供える三具足(香炉・花瓶・燭台)やその脇の花の立て方もありました。

一方、六角堂では池坊が仏前供花としての花の腕を磨いていました。聖徳太子創建の祈願寺において本尊への花は特別です。ここで、同朋衆による座敷飾り系の三具足の花と比較したとき、その両者の花に対する考え方の違いは明らかです。

◆『池坊専応口伝』の哲学

当時の池坊28代専応はその考え方を記しました。
『池坊専応口伝』※5は花の立て方を伝える書ですが、その序文で専応はこう述べています。

> 瓶に花をさす事いにしへよりあるとはきゝ侍れど、それはうつくしき花をのみ賞して、草木の風興をもわきまへず、只さし生たる計りなり。この一流は野山水辺をのづからなる姿を居上にあらはし、花葉をかざり、よろしき面影をもとし、先祖さし初しより一道世にひろまりて、都鄙のもてあそびとなれる也……

●

> 花瓶に花を挿すことは昔からあると聞いているが、それは、美しい花だけを見て、草木の風興をよくわからないまま、ただ挿しているばかりである。この一流(池坊のこと)は野山水辺の自然の姿を、我々の住む場所にいけあらわして、花葉をかざり、よろしき面影をもととして、先祖が挿し始めた時から世に広まって、都会から田舎まで愛好された……

ここで、専応は花の見た目の美しさに惑わされ、草木の持つ風情や趣をよく理解しないまま、ただ挿しているだけの花を批判しています。そしてこの装飾にすぎない花に対して、池坊は野山水辺に生育する自然な姿を住まいの中に表現し、花葉を用い、目に見えない本質的な美しさを「よろしき

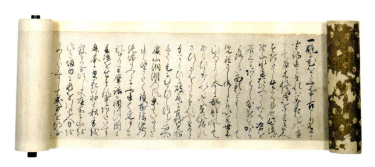

『池坊専応口伝』(池坊総務所蔵)序文　天文6年(1537)相伝本

面影」として捉えることを根本としているといっています。

　この花に対する哲学により、専応は「只さし生たる」だけの行為に求道の精神を宿し「華道」へと昇華させました。これが今日、池坊が華道の家元と称されるゆえんでもあります。

　以後、池坊は代々この『池坊専応口伝』を大切に相伝し、門弟に広め、華道の高い精神性の維持に努めています。

◆ 専応の活躍

　さて、この『池坊専応口伝』には相伝年月日の異なる写本がいくつかあります。つまり、このころには花を学ぶ弟子が多数いたということです。きっと世間にも池坊の代々が花の名手であることが広まっていたのでしょう。貴族の日記に当時の池坊の活躍の様子を見ることができます。『御湯殿上日記』には、たびたび池坊が小御所で花を立てたこと[※6]、また『二水記』[※7]には池坊の評判や、後柏原天皇の子にあたる尊鎮法親王が、花を見るために池坊に立ち寄ったこと[※8]などが記されています。

　なお、専応は花だけではなく、僧侶としての本分もおろそかにせず、六角堂執行の活動を行っています。池坊に残されている『行法記録』によれば、専応晩年の天文10年(1541)、と同12年(1543)に祈祷を行っており、大般若経転読、般若心経・観世音経の読誦などを記した巻数を、御本所(梶井門跡)、内裏様(天皇)、公方様(将軍)、曇華院殿(近隣の尼寺)に進上しています。

　ここで、公方様(将軍)にも巻数の進上が行われていることから、武家との関係も見ることができます。

　専応死去の翌年に作成されたという武将・多胡辰敬による『多胡辰敬家訓』には次のような歌が載せられています。

池ノ坊御前ノ花ヲサスナレバ一瓶ナリ
トコレヤ学バン

　専応の活躍が戦国武将の間でも評判となっていたのでしょうか。貴人の御前に花を挿すのであれば、池坊の花を学ぶべきという心得が示されています。

　専応の花の図は残されていませんが、その花に対する姿勢、考え方は多くの人を魅了したようです。

※1 専応までの代々
　池坊の記録では、専慶－専慮－専盛－専言－専革―専来－専尊－専曙―専光－専倫－専諱－専諏－専琳－専意－専順－専鎮－専応となっています。なお、専応より二代前の専順は、連歌の名手として活躍しました。

※2 『花王以来の花伝書』－かおういらいのかでんしょ－
　明応8年(1499)ごろに書写されたと考えられる現存する最古の花伝書。本木(真・身・心)と下草(そえ草)による構成の「立て花」を多数見ることができます。池坊総務所蔵。

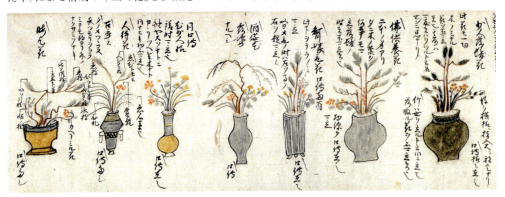

※3 『御湯殿上日記』－おゆどののうえのにっき－
　宮中女官の日記。文明9年(1477)～文政9年(1826)のものが現存しています。なお、「ちやうほう寺(頂法寺)」の記載は文明10年(1478)9月30日条、「六かくたう(六角堂)」の記載は文明14年(1482)5月9日条に見られます。

※4 同朋衆－どうぼうしゅう－
　足利将軍に近侍し、各種芸能に秀でる者もいました。各人名前を「～阿弥」と名乗り、能阿弥・相阿弥・立阿弥・文阿弥などが花の名手として活躍しました。

※5 『池坊専応口伝』－いけのぼうせんのうくでん－
　天文11年(1542)奥書のものが『続群書類従』に収められた際、書名がなかったため便宜上『池坊専応口伝』と付けられ、後にそれが一般化しました。『専応伝書』ともいわれます。昭和43年(1968)、川端康成がノーベル文学賞受賞時の講演「美しい日本の私」で引用し、当時話題になりました。

※6 享禄3年(1530)10月25日条、同4年8月13日条、天文2年(1533)10月8日条に、専応が小御所に花を立てる記事が見られます。
　なお、小御所は清涼殿の東、紫宸殿の北東に位置し、室町時代には会議、対面や皇太子の元服などの儀式に用いられました。

※7 『二水記』－にすいき－
　公家の鷲尾隆康(1485～1533)の日記

※8 大永5年(1525)3月6日条に「六角堂修(執)行也、華之上手也」の記述が見られます。また、享禄4年(1531)3月12日条に、尊鎮法親王が因幡堂参詣を行い、その帰路に、池坊に立ち寄ったことが記されています。

池坊専栄 (1528?〜1589?)
―『専応口伝』を発展させた人物―

30th

　池坊30代目となる専栄（せんえい）による花伝書は多く残されており、その内容は、『専応口伝』を踏襲しつつ、少しずつ理論を充実、発展させたものとなっています。特に注目されるのは、立花（りっか）※1の骨法図を示し、七つの役枝（やくえだ）※2の名称を記していることです。また、立花を真・行・草に分類し、仏前の三具足の花を真と位置付けることなどを定めました。

◆拡大する池坊

　専栄も専応同様に活躍し、宮中で花を立てました※3。また、足利義輝にも招かれて花を立てており※4、宮廷、武家ともに池坊の名が広まっていたと考えられます。

　同時代、同朋衆らも活動していましたが、室町幕府が衰退するにつれ力を失い、かつて花の名手ともいわれた文阿弥の弟子、宣阿弥は天文21年（1552）に相伝した花伝書では「池坊一流弟子宣阿弥」と記しています。

　なお、専栄は京都だけでなく地方にも花を広め、今の茨城県、島根県、広島県、福島県の弟子にも伝書を相伝しています。

※1 立花－りっか－
　この時代、花瓶に立てた花は"たてはな"と呼ばれていましたが、それが整備され、後の専好（二代）によって「立花」という様式が確立されます。"りっか"という呼び方は専好（二代）の弟子が刊行した『古今立花大全』（1683刊）に"りつくわ"と振り仮名が付けられたことで判明しますが、「立て花」を送り仮名なしの「立花」と記すこともあり、これ以前の「立花」が"たてはな"なのか"りっか"なのかはわかりません。なお、立て花は本木（真・身・心）と下草（そえ草）による構成で定まった型はなく、立花は七つあるいは九つの役枝による型を備えています。

※2 役枝－やくえだ－
　立花を構成する枝で「道具」ともいいます。ここでは真・副・副請・真隠・見越・前置・流枝を指し、後に控・胴が加わります。今の名称は真・見越・副・請・控枝・流枝・正真・胴・前置です。右図は、専栄自筆『大巻并座敷荘厳図』（池坊総務所蔵）の立花骨法図

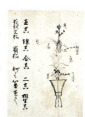

※3 『御湯殿上日記』天文12年（1543）11月15日条、同14年（1545）12月6日条

※4 天文18年（1549）2月ごろのものと考えられる「青蓮院尊鎮法親王書状」（東京大学史料編纂所蔵）より。

池坊専好（初代）（？〜1621）

—歴史に残る大作を制作した人物—

31th

池坊31代目となる専好（初代）の時代となっても池坊そのものの評判は、変わらず宮廷、武家に聞こえていました。そのためか、後陽成天皇の宸筆と伝えられる「観世音菩薩」「毘沙門天王」「地蔵菩薩」の名号軸を拝領しています。また、天正13年（1585）11月21日には、豊臣秀吉の朱印状により一乗寺村（京都市左京区）の領地一石が六角堂に与えられています。

◆ 専好（初代）の立てた花

秀吉との関係を示す出来事としては、天正18年（1590）9月18日、秀吉が京都の毛利輝元邸を訪れた際、専好（初代）が花を立てています[※1]。また、文禄3年（1594）9月26日、秀吉が前田利家邸を訪れた際も、専好（初代）が花を立てています[※2]。特に前田邸の花は間口が四間（約7.2メートル）もある床に立てられた砂之物[※3]で、背後に掛けられた四幅対の軸に描かれた猿が、大松の真のなびき枝で遊んでいるようだったといいます。その趣向を凝らした作品は話題となり、「池之坊一代之出来物」と評されるほどでした。

◆ 100人参加の花会

さらに、慶長4年（1599）9月16日、京都寺町四条にあった大雲院の落慶法要の際、花会が盛大に開催されました。『百瓶華序』[※4]によれば、専好（初代）を招いて行われたこの花会には、彼の弟子の中から選ばれた100人が立花を立てたといいます。なお、出瓶者のうち80名ほどが僧侶だったようで、寺院の間でも池坊の花が流

前田邸大砂之物の再現

行していた様子がうかがえるとともに、当時、専好（初代）に多くの弟子がいたことが想像されます。このとき並べられた花について『百瓶華序』は、

雑草木之栄枯、量枝葉之短長、
七縦八横、快哉快哉

　　　●

　　草木の栄枯を雑え、枝葉の長短を量り、
　　自由でとらわれのない様子はよいものだ。

と記しています。当時の花の様子を知る貴重な手掛かりです。

なお、専好（初代）の花の図はほとんど伝わっていませんが、専好（二代）の作品絵図をまとめた『池坊専好立花図』（曼殊院蔵）の中に「専好師匠花写」と記される図が二つあり、これが専好（初代）のものと考えられています。

専好（初代）には、千利休との交流を思わせる逸話があります。表千家第四代、江岑宗左が記した『江岑夏書』に、利休が茶席の花を見て、池坊が来ているのではないかと指摘した、という内容が見られ、ここから二人の交流の深さがうかがえます。

『池坊専好立花図』（曼殊院蔵）
「専好師匠花写」とある2図のうちの一つ

※1 『天正十八年毛利亭御成記』より。

※2 『文禄三年前田亭御成記』　実際の御成は4月8日（『駒井日記』）

※3 **砂之物** －すなのもの－
　　砂鉢を用い、中に小石を敷いて花を立てる立花様式の一つ。通常の立花より工夫が必要で、高度な技術が要求されます。砂之物については『専応口伝』でも少し出てきますが、専好（初代）の残した伝書に詳しい技法が記されています。

※4 **『百瓶華序』** －ひゃくへいかじょ－
　　東福寺、月溪聖澄が慶長5年（1600）に執筆。

池坊専好（二代）（1575〜1658）
―立花様式を大成した人物―

32th

いけばな史上初めての様式となる立花を大成した人物、それが32世専好（二代）です。以降、今日まで立花の技と伝統美は受け継がれ、時代の風潮に合わせて発展し続けています。使う花材の種類、扱い、全体の大きさなどは臨機応変に対応しつつも、おおむね専好（二代）が立花を大成したころの姿が今も保たれています。

専好（二代）は、もと専朝という名で活動していました[※1]。「専好」の名を引き継いだのは、師に並ぶほどの腕を有していたからでしょうか。いずれにせよ専好（二代）はその名をさらに高める活躍をします。

◆紫宸殿での立花会

このころ、宮中では立花会が頻繁に開催されるようになり、専好（二代）がたびたび呼ばれました。後水尾天皇自らが立花をたしなんだことから宮中に立花ブームが訪れ、専好（二代）は出瓶作品の優劣の判定を行いました。もちろん、専好（二代）も宮中で花を立てており、それは手本とされました。『立花之次第九拾三瓶有』[※2]には、宮中で立てられた専好（二代）の立花図が収められています。

宮中での立花会が最も多く行われたのは寛永6年（1629）で、正月から9月までの間に、実に30回以上開催されました。これら立花会の様子は近衛家熙の『槐記』[※3]に次のようにあります。

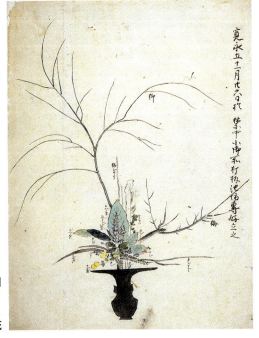

『立花之次第九拾三瓶有』
（重要文化財　池坊総務所蔵）より
寛永5年（1628）11月26日、
禁中小御所で専好（二代）が立てた立花

後水尾院様ハ立花ニ甚タンノウアル
御コト也、禁中ノ大立花トイフコトハ、
此御世ニコソアリケレ、主上ヲ始メ奉
リ、諸卿諸家トモ、其コトニ堪能アル
人ヲ択バレテ、紫宸殿ヨリ座上南門マ
デ双方にカリヤヲウチテ、出家町人ニ
カギラズ、其事ニ秀タル者ハ皆立花サ
セテ双ラレタリ、秀吉ノ大茶湯後ノ一
壮観ナリ

・

　後水尾院は、立花に大変長けていた。
禁中の大立花会は、まさに後水尾院の時
代にこそふさわしいものである。立花を
得意とする人が選ばれ、紫宸殿から南門
まで仮屋を建てて、そこに立花を立てさ
せた様子は、秀吉の北野大茶湯のように
壮観であった。

　これは、後水尾天皇の時代よりかなり後
に記されており、史実と照らし合わせると
異なる部分があるようですが、このように
言い伝えられるほど、宮中の出来事として
は一大イベントであったのでしょう。何よ
り重要行事が行われる紫宸殿を会場とする
こと自体、特別であったといえます。この
紫宸殿での立花会の様子を伝えるものとし
て、池坊に席割図が残されています。

　後水尾天皇の立花への傾倒ぶりもまた
『槐記』に記されています。

或時、後水尾院ノ、獅子吼院ヘ立華
モ好キ程ガヨシ、朕ガ歯ノ悪クナリシ
ハ、立華故ナリト仰ラレシカバ、……

・

　ある時、後水尾天皇が獅子吼院へ「立
花もほどほどにしておくといい。私が歯
を悪くしたのは立花のせいなのだ」と
おっしゃると……

　獅子吼院は後水尾天皇の第十皇子で、堯
恕法親王のことですが、このような会話が
成り立つほど、親子で立花に熱心であった
ということがいえます。

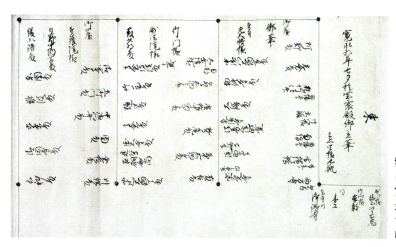

紫宸殿立花御会席割指図
（池坊総務所蔵）
寛永6年（1629）の七夕立花
会の席割図。49名が出瓶し
ており、後水尾天皇の席に
は「御華」と記されている。

◆ 仙洞御所での立花会

後水尾天皇は寛永6年（1629）11月に退位しましたが、仙洞御所※4に移ってからも立花会は開催されました。出瓶者の数は減りましたが、その顔ぶれの多くは後水尾上皇の側近に変わり、花を真に楽しもうという人が集まるようになりました。

また、立花会の内容は、優劣を競い専好（二代）が判定するという競技的なものから、専好（二代）の批評にじっくりと耳を傾け、技術向上を目指すものへとなりました。『立花之次第九拾三瓶有』には仙洞御所で立てられた作品が一番多く見られます。

仙洞御所は、立花の内容、技術、表現がさらに深化していく場でした。立花様式はこのような状況の中で大成し、座敷飾りの一部であった花が、独立して鑑賞に値する一瓶へと発展を遂げたのです。

さて、宮中の立花会は7月7日に開催されることもあり、それは七夕立花会と呼ばれました。今日、11月に開催されている「旧七夕会池坊全国華道展」は、この宮中の立花会に由来すると伝えられています。ちなみに、池坊の地での初の七夕立花会は、寛永18年（1641）に開催されました※5。

◆ 専好（二代）の弟子

立花を大成し、宮中で指導を行い、手本となる立花図を多数残した専好（二代）は、多くの弟子を得ることになりました。特に大住院以信、高田安立坊周玉、十一屋弥

大住院の作品

高田安立坊周玉の作品

十一屋太右衛門の作品

十一屋弥兵衛の作品

兵衛、十一屋太右衛門の4名は、高弟として専好（二代）の活動を支えました。なお、大住院は法華宗本能寺の僧侶で、安立坊は浄土真宗高田派の僧侶。十一屋孫兵衛と太右衛門は父子で町人でした。

専好（二代）の活躍により名声をさらに広めた池坊は、その後も変わらず方々で活動を続けました。門弟の求めに応じ、伝書や絵図を残すとともに、継目御礼、朱印改で江戸を訪れる際には、行きは東海道、帰りは中山道などと道を変え、その道中で各地の弟子に花を教えました。

江戸では将軍への立花上覧の栄誉にあずかることもたびたびで、また京都より花の名手、六角堂住職が来るということで立花会が企画されることも少なくありませんでした。

そんな活躍を見聞きした者が入門を希望することも多く、その中には大名までもがいたといいます。

36世専純が延享3年（1746）に江戸城で将軍徳川家重の上覧に供した立花の図（『関東台覧立花砂之物図』）

※1 『百瓶華序』の花会への出瓶者100人の名前の最後に「池坊的子帥専朝」とあり、専好（初代）の存命中より活躍していたとみられます。

※2 『立花之次第九拾三瓶有』－りっかのしだいきゅうじゅうさんぺいあり－
　重要文化財。立花の手本として専好（二代）の作品図を収載した折本。93図中2図は別人のものであることがわかっています。池坊総務所蔵。

※3 『槐記』－かいき－
　近衛家熙の語ったことを侍医の山科道安が日記体で書き留めたもの。

※4 仙洞御所－せんとうごしょ－
　後水尾天皇が上皇となられた際に造営された建物。

※5 『隔蓂記』（金閣寺の住職、鳳林承章の日記）より

池坊専定 (1769〜1832)

―立花の発展、生花の普及に努めた人物―

40th

　40世専定は、これまで続いてきた立花中心の伝授体系を改め、生花※1の普及に一石を投じたとして、池坊では重要な人物の一人に数えられています。

　専定の時代にはすでに生花があり、池坊でも教えられていました。ただし、その姿は今日の池坊で教えられている生花の役枝を備えるものではありませんでした。30世専栄の花伝書には早くも「生花の事」という一条が現れており、そこには、

> さだまりたる枝葉もなし　先さしあひを嫌ふなり　出生の姿肝要也（後略）

とあります。後にこの一条が発展し『生花巻』という伝書にまとめられ、伝授されていきますが、あくまで生花は「さだまりたる枝葉」のない形で、"立てる"立花に対し、"いける"姿を重視する花でした。

　このころ、世間では気取らない花の姿を器にいけた生花を求める声が増えており、ちまたでは生花流派が乱立していた時代でした。正統な立花を教えていた池坊への期待も高まっていき、専定はそれに応えるかのように生花部門を新設し、同時に生花の教えを充実させ、内容を整備しました。

◆生花図集の刊行

　文化元年（1804）、池坊初の生花図集となる『百花式』が刊行され、同5年（1808）には続編となる『後百花式』が出されています。両書には北は岩手、南は鹿児島に至るまでの全国の門弟の作品図が収録されており、池坊の生花がかなり広い範囲にまで普及していたということがわかります。

　文政3年（1820）に刊行された『挿花百規』では、今の生花と異なる部分※2もありますが、真・副・体という生花の構成が整い、格調高い花の姿を見ることができます。その美しい作品の数々は時代を超えて愛され、現在でも古典生花を学ぶ人に人気です。

『挿花百規』より

◆ 立花技法の発展

　専定は、生花に革新をもたらしましたが、立花においても新境地を開拓しています。まず、立花を真・行・草に分類し、さらに使用する花材により三つに分けています。

　また、立花を構成する役枝を七つから九つへと充実させ、表現の幅に広がりを持たせました。さらに、技術面では「幹作り」[※3]の技法を確立。これまでは自然の枝ぶりを生かすことが主でしたが、枝を切り継ぐ幹作りを行うことで、作者の理想とする枝ぶりによる表現が可能となりました。

◆ "家元"の初出

　なお、この専定代に刊行された立花図集『新刻瓶花容導集』の内題横には「家本（元）選」とあり、「家本（元）」の字が刊本に見られる初出となります。より強く華道の家元であるという自覚を持ち、責任ある花の指導を目指したものと思われます。

『専定瓶華図』より
幹作りの技法で複雑な曲がりを見せる

※1 生花 −しょうか−
　　他流派では「せいか」と読むところもあります。
　　かつては「いけはな」を「生花」と記していたこともあり、時代によるその読み方の判別は困難です。

※2 今の生花と異なる部分
　　陰陽の設定と、それに伴う副の挿し口と振り出し方が異なります。
　　今の生花は本勝手の場合、左斜め後ろを陽方とし、副の挿し口は真の後ろ。枝の振り出し先は左斜め後ろです。『挿花百規』の花は、左斜め前が陽方で、副の挿し口は真の前、振り出し先は左斜め前です。

※3 幹作り −みきづくり−

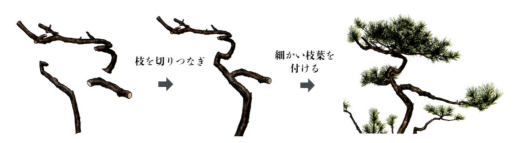

池坊専正 (1840〜1908)

―女学校での華道教授体制を築いた人物―

42世専正の時代は、日本が大きく揺れ動いた時代でした。

大政奉還で江戸幕府が終焉を迎えると、まず組織や制度が大きく変化し、従来の体制下で成り立っていた社会秩序が根本から覆りました。これにより、特に江戸を中心に展開していた諸流派は、ことごとく消滅、分裂したといいます。

一方、池坊はこのころすでに全国規模の組織となっており、門弟の層が厚かったことに加え、天皇家との関係を絶やすことなく続けてきたことから、さほど時代変化による影響を受けずにすみました。

とはいえ、京都そのものが東京遷都によって活気を失っており、さらに明治政府による神仏分離※1の政策が、京都の神社仏閣を混乱に陥らせていました。

明治5年（1872）、ひとまず宗教界の騒動は終息し、産業の発展、活性化を目指して第1回京都博覧会が西本願寺、建仁寺、知恩院で開催されました。翌年の第2回は京都御所・大宮御所・仙洞御所で行われ、池坊は第1回より博覧会に参加し、立花を立てています。

◆ 明治新体制下の池坊

明治時代の幕開けは、暦を変えることにもなりました。政府は太陰暦※2を改め、太陽暦とすることを決定。それに伴い、江戸幕府が制定した太陰暦による五節句も廃止されました。

専正が京都博覧会に出瓶した立花の図

旧七夕会の開催日を改める旨を記した立花図

ここで問題となったのは、専好（二代）のころからの恒例行事であった七夕の立花会……七夕会についてです。後水尾天皇から池坊にて開催することを許されたという由緒あるこの行事をなくすわけにはいきません。そこで専正は明治7年（1874）、七夕会を「旧七夕会」と改称、後水尾天皇の命日である9月11日に開催することとしました。

◆ **女学校への華道導入**

明治新体制により、教育の現場にも変化が訪れました。明治12年（1879）10月、まさに教育令が公布された直後、専正は京都府から女学校での華道の教授依頼を受けました。京都府女学校は明治5年に日本最初の公立女学校として開設された新英学校及女紅場を前身とし、後に京都府立第一高等女学校（現・京都府立鴨沂高等学校）となりました。

生徒は華士族や裕福な市民の子女が多く、華道の導入は、彼女らに優美で雅やかな品格を育む目的があったと思われます。

家元自らが教壇に立ち、入門もしていない初心者に直接指導することは画期的なことだったでしょう。しかし、この経験は専正にとって、より論理的な華道教授法を考えるよい機会となりました。明治15年（1882）、専正が文部省に提出した授業計画は、3年で現行伝書の『初伝』に相当する内容を習得できるものでした。

明治21年（1888）、京都府女学校で「女礼」という学科課程の一部であった華道は、「随意科（選択科目）」内の独立した教科として教えられることになります。以後、文部大臣森有礼の教育政策もあり、徐々に全国の女学校でも華道が取り入れられ、人気の授業となっていきました。それは、かつて華道が宮中や武家の間で高い支持を得ていたことによる、上流階級のたしなみであるという認識や憧れ、あるいは富国強兵政策の文化的ナショナリズムの風潮によるものだと考えられます。

明治36年（1903）12月、高等女学校に関する通牒により、華道の授業は、必要以上に高度な内容でないこと、普通教育に差し支えのない範囲での教授時間数であることが定められました。規制されるほどに熱が高まっていたのかもしれません。この時、専正は文部省より華道の授業における教授法の統一を命じられています。そして刊行されたのが『華の志雄理』（後に『華道家元 華かミ 生華栞の巻』と改題）で、基本的な生花内容が記されており、また正式な生花の形として生花正風体を提示していることから、現在でも同書の販売は続けられています。

一連の女学校における華道ブームは、女性の池坊入門者を急増させ、全国の女性の間に華道を浸透させました。この多数の入門者獲得により、伝書は手書きのものでは間に合わなくなり、木版刷りのものへと変えられました。

なお、この専正代において、新首都・東京を軸として急激に変化する時代へ対応すべく、明治22年（1889）に、華道家元華務課東京出張所が開設されています。

※1 **神仏分離**－しんぶつぶんり－
神道国教化を目指して行われた、信仰上神道と仏教が渾然一体となっていたものを分離しようという宗教政策。

※2 **太陰暦**－たいいんれき－
月の運動周期を元に定めた暦

池坊専永 (1933〜)

―新たな花型である、新風体を発表―

45th

　平成27年（2015）、池坊専永は華道家元の45世を継いで70年を迎えました。この70年という年月は、戦後の日本の歩みと重なります。

　戦中は、池坊としても戦争に協力しなければならず、軍用機献納金を集めたり、金属製花器の供出を行ったりしました。

　平時には楽しまれるはずのいけばなも、戦中においては「花どころではない」との厳しい声にさらされるため、これらの活動は必要だったのです。

　厳しい時局にあっても、池坊は門弟が一致団結し43世専啓、続く専威の指導の下、池坊いけばなの普及に努めていました。このころ、現在に続く池坊の機関誌『華道』の前身となる『たちばな』※1が刊行されています。

　戦時下にあっても順風満帆に思えた池坊でしたが、昭和19年（1944）、43世専啓が死去。さらに44世専威が、家元継承後わずか1年で急逝、専永はわずか11歳で45世を継ぐことになりました。

◆ 戦後の復興と池坊

　昭和20年（1945）、終戦からわずか2カ月後の10月、戦後処理の混乱が続く中、早くも池坊は花展を開催しました。

　京都は幸いにして戦争の被害が軽微でしたが、日本各地には焼け野原となってしまった街がたくさんありました。復興の希望が見いだせない状況の中、焼けた街路樹から一枚の葉が芽吹く姿、更地となってしまった土地に一輪の花が咲いた姿を見て、人々は心を和ませ、勇気をもらったといいます。

『たちばな』創刊号
（昭和14年刊）

戦後初めての花展の様子を伝える『華道』

池坊はその「花の力」を信じ、花による日本再生を目指したのです。戦後初の花展は、京都大丸百貨店で開催されました。展覧会の趣旨は次のようなものでした。

総てが滅びても魂を失わざる民族は永遠である

この力強い言葉と、平和を象徴する花の姿は、戦後復興を確信させるものでした。
専永は周りの人々に支えられながら、僧侶としての修行、家元としての修業を重ねました。11歳にして六角堂住職と45世家元の重圧に耐えていかなくてはなりませんでした。そして昭和28年（1953）、専永は成人を迎えるとともに、六角堂の住職、そして家元としての活動を本格化。時代は高度経済成長期を迎えようとしていたころです。

◆ 生花三種生と現代立華

昭和32年（1957）ごろ、生花の正風体に三種生が加えられました。それまでの生花正風体は、一種もしくは二種の花材を用いるのが原則で、例外として「松竹梅」が三種でいけられました。当時の三種生は、この「松竹梅」に着想を得ながら立花も参考にしており、役枝は従来の真・副・体に加えて胴が設定され、さらに姿直しの枝というあしらいが入ることで、重厚かつ立花とも生花とも判別しにくいものとなりました[※2]。

同じころ、立花にも動きがありました。池坊専定が幹作りの技法を確立してのち徐々に大型化していた立花は、明治時代に極限を迎えていました。また細部にわたって決まり事が定められ、非常に手の込んだ細かい作業を要するものでした。この通称「明治立華」に対して簡略化を目指したのが「現代立華」です。現代立華は役枝を減らすことで繁雑さを回避し、三種生との別を図るため異質素材や乾燥素材が用いられました。しかし、それはもはや水際のある造形作品でした。

このような生花、立花の発展形が考えられた背景は、社会の急速な成長による生活環境の変化や、前衛思想の流行などが考えられます。これら三種生、現代立華は、池坊が組織として考えた次代を担う花型でしたが、反省点の多いものとなりました。そこで、専永は家元として、徹底的に古典を研究し、試作を重ね、新しい花型を模索しました。

◆ 新生池坊

昭和50年（1975）、専永は将来の池坊いけばな発展のために、次の三つの目標を立てました。

・いけばなの殿堂の竣工
・時代にふさわしい作風の提示
・後進育成の場の開設

まず、昭和51年（1976）に和と美の殿堂「池坊」として本館ビルが完成しました。建設企画、設計を始めたのは昭和45年（1970）でしたが、当時の京都は31メートルの高さ制限がありました。それが昭和48年（1973）に45メートルまで認可されたのに伴い、設計を変更、京都中心部では初の45メートルのビルとなりました。特徴ある外観のため、新技術が開発されての建設であったといいます。

次いで新しい建物の完成によって、後進育成のための「池坊中央研修学院」が昭和

52年（1977）に開設されました。これは、全国で学んだ門弟がさらに技術の向上を目指す場所であり、教授者の再教育機関となります。

そして同年、専永考案による「生花新風体」が発表されました。

◆ **生花新風体の発表**

生花新風体は、それまでの型を重視する生花正風体とは違うまったく新しい考え方で、伝統を打ち破るものでした。それだけに門弟の中には反対する者も多かったといいます。

生花正風体は草木の出生を捉え、真・副・体の型にいけるものですが、生花新風体は主と用という役枝を設定し、陰陽を考えながら自由に植物の美を捉えます。そこには型がないため、教える者、教わる者ともに戸惑いが隠せなかったのです。

しかし、生花新風体は生花正風体を否定するものではなく、むしろ型の大切さを再確認させるものでした。伝統を重んじる中で伝統に従うのではなく、型を脱却することで伝統を生み出していってほしい。それが生花新風体に込められた思いでした。

生花新風体の成功は、後の普及の様子を見れば明らかです。専永の目標であった「時代にふさわしい作風」は、門弟の隅々にまで浸透しました。

◆ **立花新風体の発表**

平成11年（1999）、専永は立花新風体を発表しました。

生花新風体の発表からは22年の年月を経ていました。この22年は長いように思われますが、まずは生花新風体がしっかり受容されないうちは、新しい次の花型を発表しても混乱を招くことになります。全国の教授者が生花新風体を自分のものとし、それを弟子に伝えることができるようになるまでには、それぐらいの年月が必要だったのです。

また、新しく立花新風体を制定するのも簡単なことではありませんでした。生花新風体をもとにすれば楽そうですが、そもそも立花と生花では「立てる」と「いける」の違いがあります。型をなくせばよいというものでもなく、必然性が求められます。立花の構成要素である役枝をどう処理すればよいか、立花としての格をどう保つべきかなど、多くの課題がありました。

また伝統的な立花は、複雑かつ大型な明治立華に発展しており、試作的に、現代空間に合う立花も研究されていましたが、その答えを出す必要もありました[※3]。

専好（二代）が立花を大成したころ、使われる草木は自然の姿を保っており、自由で伸び伸びとした表情を持っていました。そこに作為はあまりみられず、植物が感じさせる情感に満ち溢れていました。立花という「型」は単にそれをまとめ上げるもので、優先されるものではなかったのです。しかし、以後は専好（二代）の作り上げたものを守ろう、伝えようとするあまり、形式化に重点が置かれました。そこで専永は、この立花が生まれたころの感覚に立ち返り、立花のあるべき姿を新風体に思い描きました。

植物は、草木が互いに協調している姿もあれば、反発している姿もあります。そうしながらも一体として調和の取れた自然を形成しようとするところに美が生まれます。立花新風体の表現には、一本の木、一輪の花の背後にある世界が感じられるよう

期待が込められました。また技法としては、立花の格を保つため、水際に生命の凝縮と発散を見せることと、正中線を感じさせる正真を意識することが定められました。

立花新風体の成功もまた、今日の花展での様子をみれば明らかです。

◆ **家元継承 70 年**

生花新風体、立花新風体については、それぞれ発表時に全国各地で講習会が開かれ、テキストも作られましたが、これは一般には買うことができませんでした。以来、長年作品集や月刊誌での作品鑑賞によって新風体を学ぶしかありませんでしたが、家元継承70年を迎えた平成27年（2015）、専永は『新風体総論』を刊行。新風体の総合的な解説書を世に送り出しました。そこには、次のような言葉があります。

> 新風体は、過去にとどまっていては、新風体といえないのです。私の花も、発表当時のものとは変わってきています。まだまだ私の中でも表現の追求は続いているのです。

満足のない、不断の「華の道」を歩む姿がそこにあります。

平成28年（2016）、『池のほとり－花と歩んだ七十年－』を上梓。家元としての70年間に感じた数々の思いを、文字として門弟に残しています。

池坊専永の立花新風体超大作（平成26年度旧七夕会池坊全国華道展）

※1 昭和14年(1939)発刊。昭和16年(1941)に『華道』へ改題。戦後は池坊いけばなの最先端の花を知るための雑誌として、多くの門弟に愛読されています。

※2 現在の三種生は、一種生、二種生と同様の構成で、一種生は出生美、二種生は花のないものに花あるものを取り合わせる美、三種生は三種の花材の自然的、あるいは意匠的な融合美をいけ表します。

※3 伝統的な立花は、今日的な環境と花材状況に合わせたものに再編され、立花正風体として制定されました。

池坊専好 (1965〜)

―次世代を担う、次期家元―

　池坊では四人目となる"専好"で、次期家元に指名されています。就任すれば、歴代では初となる女性の六角堂住職・家元となります。

　平成元年（1989）に得度し、法名"専好"を授かりました。平成27年（2015）の旧七夕会池坊全国華道展より名を"由紀"から"専好"に改め、活動を始めています。

◆世界に広がる池坊

　昭和、平成にかけて、池坊はさまざまに活躍する場を広げてきました。特に、華道が日本を代表する伝統文化であること、そして池坊が華道そのものの根源・家元であるということから、国の重要行事や大使館関係の仕事が多くなりました。そして、次第に世界各国で池坊が知られるようになり、「イケバナ」は共通語となりました。

　池坊の強みは、門弟の層の厚さ、人材ともいわれています。世界のどこの国に行っても、現地で活躍する門弟がいます。世界中の人が、さまざまな言語で華道を語り、現地の生活環境に合わせて池坊の花を楽しんでいるのです[※1]。

◆「和と美」の精神

　さて、日本人はもちろんのこと、世界中の人々は何に共感して池坊の花を学んでいるのでしょう。

　伝統や歴史も挙げられますが、それは「和と美」の精神であるといえます。六角堂を建立した聖徳太子が掲げた「和を以て貴しと為す[※2]」思想と、『池坊専応口伝』により表出された美が渾然一体となり、人の心を捉えて離さないのです。

　池坊いけばなの持つ伝統的な美は、それだけでも魅力ですが、何より「和と美」の精神を持った「人」に最大の魅力があります。よい師の下によい弟子が集まり、よい友にはよい人脈が生まれます。

　池坊の拡大は、人と人とのつながりによってもたらされたのです。

◆池坊の役割

　今、人を育てる池坊には、多くの期待が寄せられています。学校などの、子どもの豊かな感受性と自己表現の能力を高める場や、コミュニケーション能力を高めなければならない場、また癒やし効果を期待する場でも池坊いけばなが取り入れられています。

　もちろん、日本の伝統文化を発信していく場面では、池坊はなくてはならない存在です。

◆次の時代へ

　専好は平成2年（1990）、伊勢丹相模原店開店記念に際して初の個展を行い、平成12年（2000）には、「イマジネーションは時を超える－千住博・池坊由紀・近藤高弘

展」を日本各地で開催。日本画・陶芸とのコラボレーションを展開しました。

以降、池坊に集まる種々の要望に応えるべく、さまざまな場所、場面で活動しています。

現在、専好は各種セミナーや講演、学会で、華道の魅力を語り、「和と美」の精神を説き、デモンストレーションを交えて池坊いけばなを伝えています。それは、日本だけにとどまらず、世界中に及びます[※3]。

同時に、伊勢神宮、出雲大社、橿原神宮での神事に伴う献華や、「祈りの花」を奉納する西国三十三所巡礼献華[※4]など、宗教、宗派を超えた種々の活動も行っています。

2020年、日本は東京オリンピック・パラリンピックを機に、世界に対して日本文化のさらなる発信、発展を目指します。

専好は文化庁の、2020年に向けた文化イベント等の在り方検討会委員、また、公益財団法人東京オリンピック・パラリンピック競技大会組織委員会の文化・教育委員会委員に就任。

日本の考える文化政策に、池坊は必要とされています。

※1 池坊は世界33カ国に約120の支部・支所・スタディグループがあります。
　　なお、日本には約400以上の支部・支所・グループがあります。（2016年現在）

※2 **和を以て貴しと為す**－わをもってとうとしとなす－
　　聖徳太子制定の十七条憲法の第一条。調和が最も大切であることの意。「和」は「やわらぎ」とも読みます。

※3 平成25年(2013)3月、ボストンやニューヨークの国連本部で専永家元とともに世界平和を願う花をいけました。

※4 **西国三十三所巡礼献華**
　　平成23年(2011)11月11日より始められた、東日本大震災の慰霊・復興、人々の幸福と平和を願う「祈りの花」の奉納。
　　平成28年(2016)5月17日に満願を迎えました。

いけばな史年表

和暦	西暦	出来事
	538	仏教伝来（仏前供花の始まり）
敏達13	584	淡路国岩屋浦に如意輪観音像が流れ着く（『六角堂頂法寺縁起』）
用明2	587	聖徳太子、六角堂（頂法寺）を創建（『聖徳太子絵伝』『六角堂頂法寺縁起』）
推古15	607	小野妹子、遣隋使として中国大陸に渡る（翌年も）（『日本書紀』）
延暦13	794	平安遷都により、六角堂が北に移動したという（『六角堂頂法寺縁起』）
弘仁13	822	嵯峨天皇（あるいは淳和天皇）、霊夢により六角堂に勅使を遣わし、妃を得る（『六角堂頂法寺縁起』）
長徳2	996	花山法皇が六角堂へ御幸。西国三十三所巡礼が始まったという（『六角堂頂法寺縁起』）
長保3	1001	このころ成立した『枕草子』に、勾欄のもとの青磁の瓶に桜の枝を挿すという記述が見える
天治2	1125	六角堂、創建以来初めて焼失（『百練抄』）
保延6	1140	このころ、『鳥獣戯画』に供花の図が描かれる
建仁元	1201	親鸞、六角堂に参籠。観音の夢告を受け、浄土真宗を開くきっかけとなる（『善信上人絵』『恵信尼文書』）
暦応4	1341	室町幕府初代将軍足利尊氏、六角堂に参詣する（『師守記』）
観応2	1351	『慕帰絵詞』に三具足の花や盆栽の図が描かれる
応永21	1414	7月7日、仙洞にて花合わせが行われる（『満済准后日記』）
永享2	1430	足利義教が醍醐で花見の宴を催した時、立阿弥が座敷飾りをする（『満済准后日記』）
永享3	1431	このころ、京都の三十三所観音が成立し、六角堂がその札所となる（『撮壌集』）
永享7	1435	池坊専順、六角堂牛玉宝印の版木を自刻する
永享8	1436	六角堂の懸仏に「御師専慶」の銘が記される。池坊専慶の初出
嘉吉3	1443	池坊専順、このころより連歌師として活躍し始める（『何木百韻』）
寛正3	1462	2月、池坊専慶、鞍智高春に招かれ金瓶に草花数十枝を挿す。洛中の好事家が競って見物する（『碧山日録』） 10月、池坊専慶、鞍智高春の施食会において菊花を瓶に挿し、会衆を感嘆させる（『碧山日録』）
寛正6	1465	池坊専順、連歌の大成者宗祇の師と記される（『親元日記』）
文明6	1474	山科言国、宮中で七夕の花を立てる（『言国卿記』）

和　暦	西　暦	出　来　事
文明8	1476	能阿弥、大内政弘の求めに応じて『君台観左右帳記』を書き与えるという（群書類従本『君台観左右帳記』）
文明18	1486	立阿弥、足利義政の所望により紅梅と水仙の花を立てる（『蔭涼軒日録』） 大沢久守、禁裏より召されて御学問所、小御所などでしばしば花を立てる（『山科家礼記』） 池坊が『花王以来の花伝書』を相伝する
文明19	1487	六角堂から宮中へ巻数や撫物が進上される（『御湯殿上日記』） 「当池坊」が高野山奥の院に参籠して花を立て、「当世」と号す （『華厳秘伝之大事』）
明応4	1495	池坊専順、准勅撰連歌集『新撰菟玖波集』に111句入集する
大永3	1523	相阿弥『御飾記』を相伝するという（東京国立博物館本『君台観』の内） 池坊専応、花伝書『専応口伝』（『君台観』所収）を相伝する
享禄3	1530	池坊専応、宮中の小御所で花を立てる（翌年も）（『二水記』『御湯殿上日記』）
天文5	1536	池坊専慈（応）、『仙伝抄』を相伝するという
天文12	1543	池坊専栄、宮中で花を立てる（『御湯殿上日記』）
天文14	1545	池坊専栄、『大巻并座敷荘厳図』を竹田善四郎へ相伝。この中に立花の骨法図が描かれる
天文21	1552	池坊一流弟子宣阿弥、『宣阿弥花伝書』を廊坊へ相伝する
永禄元	1558	このころから『専応口伝』に「生花の事」という条文が見られるようになる
永禄4	1561	池坊専好（初代）、『専応口伝』を林覚正に相伝する。「池坊帥」と署名する
天正4	1576	池坊専栄、後継者の専好（初代）とともに宮中の小御所で花を立てる （『言継卿記』）
天正13	1585	豊臣秀吉、六角堂へ朱印状を下付し、一石の領地を与える
天正18	1590	豊臣秀吉の毛利輝元邸御成に際し、池坊専好（初代）が松真と鶏頭真の立花を立てる（『天正十八年毛利亭御成記』）
文禄3	1594	豊臣秀吉の前田利家邸御成に際し、池坊専好（初代）が大砂之物を立てる（『文禄三年前田亭御成記』）
慶長4	1599	大雲院で百瓶華会が催され、池坊専好（初代）の弟子100人が花を立てる（『百瓶華序』）
元和元	1615	徳川家康、六角堂へ黒印状を下付し、寺領を安堵する
寛永元	1624	池坊専好（二代）、宮中七夕立花会に召される。砂之物が「事外奇麗清涼」と評される（『泰重卿記』）

和暦	西暦	出来事
寛永4	1627	小堀遠州の茶会記に「池ノ坊」という記載がある
寛永6	1629	後水尾天皇、絵師を派遣し、池坊専好(二代)の立花を写させる(『資勝卿記』) 江戸の加賀藩主前田邸に将軍徳川家光の御成があり、池坊が花を立てる(『寛永六年御成次第』) 宮中七夕立花会が最盛期を迎え、紫宸殿でも催される(『立花之次第九拾三瓶有』『紫宸殿立花御会席割指図』) 後水尾天皇譲位、立花会の場所が仙洞御所に移る
寛永7	1630	江戸の薩摩藩主島津邸に将軍徳川家光の御成があり、池坊専好(二代)が立花を立てる(『中納言家久公江御成之記』)
寛永17	1640	鹿苑寺住持鳳林承章、仙洞より専好立花図の折本を借用する(『隔蓂記』)
寛永18	1641	池坊における七夕立花会の史料上初出(『隔蓂記』) 池坊専好(二代)、江戸に下向して将軍徳川家光と対面、弟子の岡西卜立を御用立花師として江戸に置く
寛永20	1643	『仙伝抄』を整版本に改めた『仙伝書』が刊行される
寛文5	1665	霊元天皇の勅願により洛陽三十三所観音が定められ、六角堂が一番札所となる このころ、池坊が大住院の七夕立花興行について、京都町奉行所に訴える
寛文12	1672	池坊専好(二代)および門弟の花形図を収録した『古今立花集』が刊行される
寛文13	1673	池坊専好(二代)および門弟の花形図を収録した猪飼三枝編『立花図并砂物』が刊行される
延宝6	1678	池坊専養、『永代門弟帳』に入門者の記帳を始める
天和3	1683	十一屋太右衛門による立花の手引書『古今立花大全』が刊行される
天和4 (貞享元)	1684	木屋権左衛門の著作『立花正道集』が刊行される
貞享5 (元禄元)	1688	冨春軒仙渓の著作『立華時勢粧(りっかいまようすがた)』が刊行される
元禄2	1689	毛利作右衛門、琉球に渡り、池坊の花を広める(『阿姓家譜』)
元禄5	1692	藤掛似水、『花伝大成集』を新右衛門に相伝する 猪飼三枝および藤掛似水、東大寺大仏開眼に大立花対瓶を供える(『池坊立華新撰五十瓶図』)
元禄11	1698	池坊代々と門弟の立花を百図収録した山中忠左衛門編『新撰瓶花図彙』が刊行される

●いけばな史年表

和暦	西暦	出来事
宝永5	1708	このころ、近松門左衛門、浄瑠璃に立花用語を駆使する
正徳3	1713	六角堂本堂再建。外観が六角形となる(『寺内入組覚書』)
寛延3	1750	ほぼ生花の様式的な完成が見られる(『専純生花図』)
安永5	1776	池坊専弘、立花五十図および生花五十図を収めた『関東献上百瓶図』を、田沼意次を通じて将軍に献上する
文化元	1804	池坊専定、池坊ならびに門弟の初めての生花図集『百花式』を刊行する このころ、松竹梅、三ヶ船、桜、紅葉、七種、定式、廻生などの生花伝授が行われる(『門弟帳仮留』)
文化2	1805	このころ、池坊専定、「生花入門」を新設する(『門弟帳仮留』)
文化5	1808	池坊専定、池坊ならびに門弟の生花図集『後百花式』を刊行する
文政3	1820	池坊生花の集大成、池坊専定自撰『挿花百規』が刊行される
明治6	1873	この年から、池坊専正、門弟とともに京都博覧会において立花を立てる
明治7	1874	暦の改正と五節句の廃止に伴い、この年から、七夕会を後水尾天皇命日の9月11日に改め、「旧七夕会」と称する
明治12	1879	池坊専正、京都府女学校の花道教授を委嘱される
明治21	1888	池坊専正、伝書をすべて木版刷りとする
明治22	1889	池坊華務課出張所が東京に開設される
明治32	1899	イギリス人建築家J・コンドルが、いけばなをヨーロッパに紹介する
明治37	1904	池坊専正、女学校の生花教科書『華の志雄理』(のちの『華道家元華か〻美　生華栞の巻』)を刊行
大正4	1915	大正天皇即位の大典に、池坊専啓、紫宸殿に立花・生花三瓶を謹挿する
大正11	1922	このころ、近代意識に基づき自由花が提唱される 池坊、道祖小野妹子の墓を修造
大正13	1924	前年の関東大震災で焼失した池坊東京出張所が再建される
昭和2	1927	池坊専啓、嗣子専威に華務を統括させる
昭和14	1939	池坊の機関誌『たちばな』創刊(のちに『華道』へ改題)
昭和15	1940	戦時統制のため、全日本華道協会発足。池坊は独自に華道振作宣揚運動を起こす
昭和16	1941	池坊、地方組織を強化。池坊華道会を創立し、橘会を支部に改める。また、池坊学術研究所および池坊華道文庫を開設する。池坊、軍用機を献納。翌年、金属花器献納

● いけばな史年表

和　暦	西　暦	出　来　事
昭和19	1944	池坊専啓没。池坊専威、跡目を継ぐ
昭和20	1945	池坊専威没。池坊専永、華道家元四十五世を継ぐ
昭和27	1952	学校法人池坊短期大学開学。池坊実践学院開設(のちに池坊文化学院と改称)
昭和35	1960	池坊お茶の水学院開設
昭和41	1966	財団法人日本いけばな芸術協会が発足
昭和43	1968	池坊サンフランシスコ駐在員事務所を開設 川端康成、ノーベル文学賞受賞記念講演「美しい日本の私」の中で『専応口伝』を紹介する
昭和49	1974	池坊専永、初めて東京で個展を開く
昭和51	1976	池坊華道会解散。財団法人池坊華道会設立 いけばなの殿堂「池坊」竣工。いけばな資料館開館
昭和52	1977	池坊中央研修学院開設 池坊専永、「生花新風体」を発表
昭和59	1984	池坊専永、英国リバプール市で開催された国際庭園博で、オペラ「曼荼羅」の公演に参加、いけばなの超大作を制作
昭和60	1985	池坊専永、つくば科学万博で、いけばなときものの交響詩「無限航路―方舟」の公演に参加。各場面に超大作を装置
平成11	1999	池坊専永、「立花新風体」を発表
平成15	2003	池坊専永、モスクワのクレムリン宮殿で初めてのデモンストレーションと花展を開催
平成17	2005	洛陽三十三所観音巡礼が復興され、六角堂が一番札所となる
平成18	2006	池坊専永、永年の文化普及の功労により旭日中綬章を受章
平成23	2011	六角堂にて、東日本大震災復興祈願特別法要・献華を執り行う
平成24	2012	いけばな池坊550年祭開催
平成25	2013	池坊専永・専好、ボストン美術館でデモンストレーション、ニューヨーク国連本部で献華を行う
平成27	2015	池坊専永、家元継承70年を迎える。『新風体総論』刊行
平成28	2016	池坊専永、随想録『池のほとり―花と歩んだ七十年―』刊行

池坊に伝わる貴重な史料

池坊には、貴重な史料が多く伝わっています。
その中から特に興味深いものを紹介します。

聖徳太子の生涯を伝える絵伝
聖徳太子絵伝
しょうとくたいしえでん

絹本着色　全六幅
室町時代前期
池坊総務所蔵

『聖徳太子絵伝』第二幅
左端上段に、六角堂に祈る太子の姿が描かれている

池坊が所蔵する『聖徳太子絵伝』は、他に流布しているものとは違い、横長の画面構成が珍しいものです。また、六角堂の姿を明確に描く例も他になく、貴重な史料といえます。
　『康富記(やすとみき)』の文安4年（1447）5月9日の条には、花山院持忠(かざんいんもちただ)邸に持ち込まれたこの太子絵伝を中原康富が見たという内容のことが記されています。また、『康富記』にある太子絵伝に関する記述と、実際の太子絵伝の詞書(ことばがき)が一致するため、この絵伝の制作は室町時代前期にまでさかのぼるといえます。

左端上段部分拡大

最古の花伝書は、暮らしのいけばな指南書
花王以来の花伝書
（かおういらい）　　（かでんしょ）

紙本着色　巻子
室町時代
池坊総務所蔵

　現存する最古の花伝書。奥書は「花王以来」に始まり、「相伝池坊」「同宰相公」「秀海」「秀誠」へと続く相伝の系譜が記されています。そして最後に校訂、書写したと思われる人物の名前「立蔵坊」の署名があります。

　素朴で小ぶりな花が47瓶描かれており、置き生（おきいけ）だけではなく、釣りや掛けの花も見られます。また、それぞれに「仏供養花」や「人待花」、「暇乞花」（いとまごい）などの制作テーマや歌が付され、簡単な解説も加えられています。

　当時、暮らしの中の種々の機会に応じて花がいけられていたことがよくわかる史料です。中には「ツクへ（机）花」として急須に花をいけたものもあります。

「ツクヘ花」

『花王以来の花伝書』部分

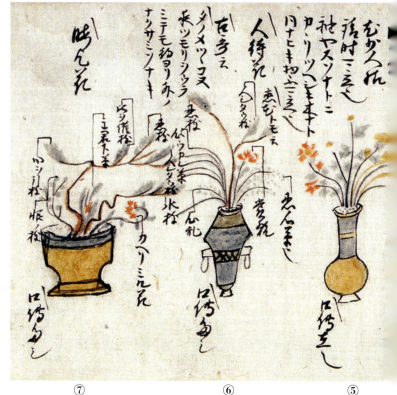

①少人落髪花（若い人が剃髪するときの花）
②仏供養花（仏を供養する花）
③聟嫁取花
　（おムコさん、おヨメさんを取るときの花）
④酒莚花（酒の席の花）
⑤同上
⑥人待花　恋花トモ云（恋愛の花）
⑦暇乞花（別れの花）

⑦　⑥　⑤

『花王以来の花伝書』奥書

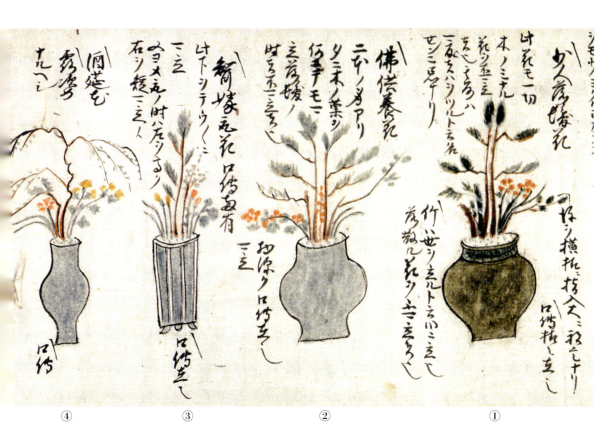

① ② ③ ④

専好(二代)の作品を集め、貴族の間で重宝された
《重要文化財》
立花之次第九拾三瓶有
（りっかのしだいきゅうじゅうさんぺいあり）

紙本着色　折本
江戸時代前期
池坊総務所蔵

　池坊専好（二代）が寛永年間（1624〜1643）に宮中で立てた立花の図を中心にまとめた図集で、それぞれに制作の年月日、場所、花材などが書き込まれています。

　専好（二代）の立花を描いた図は手本とされ、貸し借りが行われました。また、絵師によって写されることもあったようです。

　この池坊所蔵の『立花之次第九拾三瓶有』もそのうちの一つと考えられますが、状態がよく、写しであるとしてもごく初期のものと推定されます。

　立花研究の上で最も重要な史料であることから、昭和48年（1973）、重要文化財に指定されました。

　よく見ていくと、草木の描き方、文字のくせなどの違う絵図が入り交じっており、複数の絵師の手によるものであることがわかります。

　巻子（かんす）ではなく、見やすいように折本となっていることも特徴の一つです。

　枝葉の長さ、構成、バランスがうまく描かれているものがある一方、1枚の紙に無理やり押し込めたように描かれているものもあります。

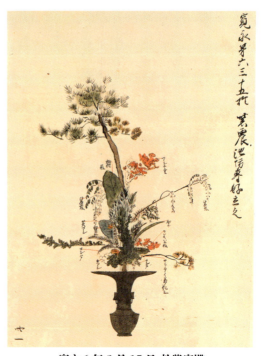

寛永6年3月15日 於紫宸殿

見開きのうち、一方は大きく描かれ花器も黒。一方は小さく描かれ花器に彩色がない

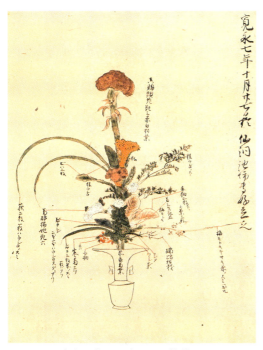

寛永7年10月27日 於仙洞

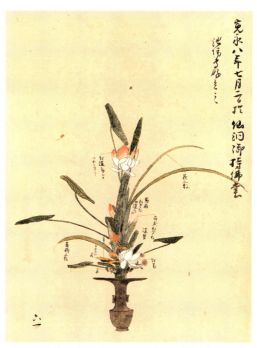

寛永8年7月2日 於仙洞御持仏堂

出瓶者の花の配置場所を記した

紫宸殿立花
御会席割指図

紙本墨書　巻子
江戸時代前期
池坊総務所蔵

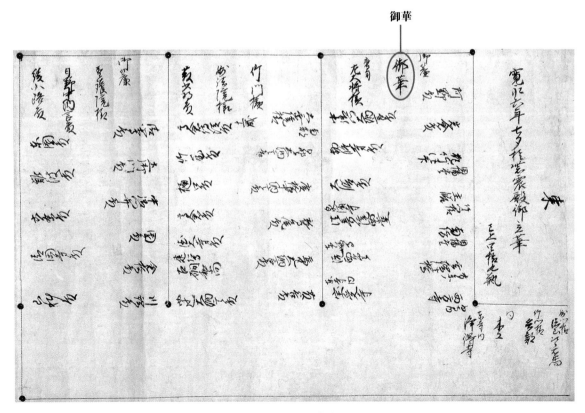

寛永6年の七夕立花会席割指図

重要文化財『立花之次第九拾三瓶有』の附属史料。寛永6年（1629）開催の紫宸殿における立花会の花席配置を記したものです。
　全部で5図が残されており、一番参加人数が多かったのは7月7日に行われた七夕立花会です。左下図の席割図を見ると49名が参加したことがわかります。図中に「御華」とあるところが後水尾天皇の席です。なお、この七夕立花会には専好（二代）は出瓶しておらず、指導者の立場にあったと思われます。
　下図は閏2月5日の立花会の席割図で、この時専好（二代）は、「二間（約360cm）ハカリ」の松を用いて長さ4尺8寸3分（約145cm）、幅3尺1寸5分（約95cm）、深さ1尺7寸（約52cm）の砂鉢に「大砂（大砂之物）」を立てています。

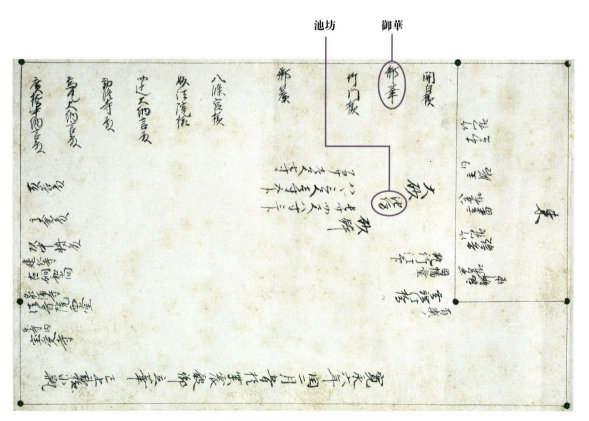

寛永6年閏2月5日の立花会席割指図

立花とその背後の絵画の取り合わせが面白い

立花図屏風
（りっかずびょうぶ）

押絵貼屏風　六曲一双
江戸時代
池坊総務所蔵

各図に「春」の朱文円印が押されており、狩野春信の筆によるものと伝わっています。

左隻右端の黍を真とする立花が、室町時代末期に狩野宗祐が描いた立花図とほぼ同じ花材、構成を持っています。なおこの黍の作品は、専栄が常陸国へ向かった際、小田原に立ち寄って立てたものと考えられています。

床の間の前身である押板飾りの様子をそのまま描いており、軸や障壁画の内容に合わせて花材や花型の選択がなされている点は、とても興味深く感じられます。

右隻　⑥　　　⑤

左隻　⑫　　　⑪　　　⑩　　　⑨

①大きな石を用いています。現在はこのような大きな石は使いません。
②タカが木にとまっているように見えます。
③画中の川の描写に合わせて水面が多く見える器を使用。
④藤を使った作品。現在は「藤かけ松」の技法が伝わっています。
⑤画中の人物が、松の木々の間を縫って道を行くようです。
⑥真に荀(たけのこ)が見えます。現在は荀を作品に使うことはありません。
⑦絵図のサルが作品の黍を狙っているように見えます。
⑧龍の絵には、雷を思わせるような松が使われています。
⑨軸の内容や、花器の形からすると、⑪のものと対かもしれません。
⑩山水図同様、のどかな風景を表したような作品。
⑪賢人を描いた軸に、松竹梅が合わされています。
⑫龍の絵図に合わされる松の種類はさまざま。

前将軍吉宗の命で江戸に届けられた
関東台覧立花
砂之物図

紙本着色
江戸時代中期
池坊総務所蔵

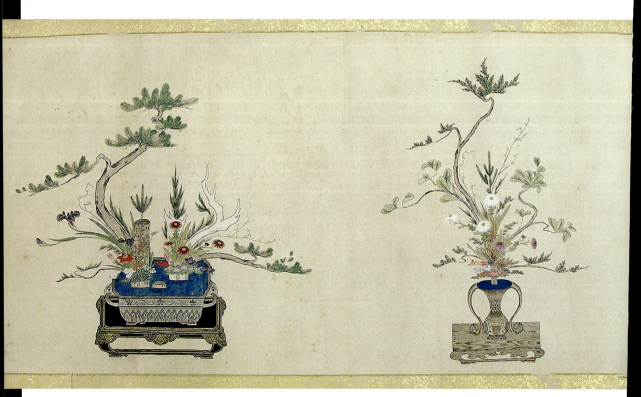

砂之物　　　　　　　　　　　　　除真（本勝手）の立花

江戸城で将軍の立花上覧に供した作品を写した図です。時の将軍は第9代徳川家重、花は36世池坊専純が立てました。

　延享3年（1746）5月11日、朱印改のため江戸を訪れていた専純に、立花上覧の通達がありました。16日、花を立てる場所、花器、花台を下見。翌17日に下いけを行い、18日に上覧当日を迎えています。その日は早朝より江戸城に入り、7時ごろからまずは直真(すぐしん)の立花に取り掛かっています。次いで除真(のきじん)の立花、砂之物の順に立てていき、9時ごろには終了したといいます。十分に準備をしていたとはいえ、2時間程度で4作品を手掛けるのは相当なスピードです。

　作品は将軍上覧の後、前将軍吉宗のいる西の丸へ運ばれました。

　専純一行らが京に戻った後、専純の手伝いをした川井武左衛門(かわいたけざえもん)が、上覧に供した作品を描き、それは江戸城へと届けられました。この『関東台覧立花砂之物図』はその写しと伝えられています。

　以後、池坊が継目御礼・朱印改で江戸に下向した際は、将軍の立花上覧が行われることとなりました。

　　　　直真の立花　　　　　　　　　　除真（逆勝手）の立花

column

西国三十三所 十八番札所
洛陽三十三所 一番札所

　聖徳太子建立と伝えられる六角堂は、「西国三十三所観音巡礼」の十八番目の札所であり、「洛陽三十三所観音巡礼」の一番目の札所でもあります。
　ご本尊は、聖徳太子の御持仏であったという如意輪観世音菩薩で、太子信仰、観音信仰により、全国各地から大勢の人がお参りに訪れます。

西国三十三所観音巡礼

　西国（近畿地方）を中心とした観音霊場三十三ヵ寺をめぐる巡礼。養老2年（718）、徳道上人により始められましたが一時中断。それから約280年後に花山法皇が再興しました。本格的な巡礼としては日本初となります。

洛陽三十三所観音巡礼

　洛陽三十三所観音巡礼は、広域で巡礼が難しい西国三十三所に代わるものとして平安時代末期に後白河天皇が定めたのが始まりといわれています。江戸時代に順路が定着し、信仰を集めたものの一時中断。平成17年（2005）より復活しています。

池坊いけばな 花型解説

長い池坊の歴史の中で受け継がれてきた、
伝統的美感に基づくそれぞれの花型を紹介します。

立花正風体とは？
りっか しょうふうたい

　九つの役枝が決められていて、それぞれ枝の挿す場所や、横や前に曲げられる高さが決められています。立花の伝書には『習物七ヶ条』『立華十九ヶ條』がありますが、これには特別な立て方をする場合の決まりが記されています。

　立花は一瓶の中に大自然の景観を表しています。水辺の草花は足元に見え、山の木々は遠くに見えることから、「草は前、木は後ろ」の原則に従って立てます。この時、木に分類される植物同士、草に分類される植物同士を続けていき、木の縁、草の縁が途切れないように立てる決まりがあります。また、針金やテープも使い複雑で多彩な構成である上、覚えておかなくてはならない約束事が多いので、習得するまでには時間がかかります。しかし、その奥深い世界観は、江戸時代から今日まで各時代において多くの人々を魅了し、一度その楽しさを知ってしまうと、つい寝食を忘れて立花に熱中してしまうほどです。

　立花はいけばなで初めての様式であり、立花新風体が発表されたときに、それまでの立花をあらためて立花正風体と定めたものです。少しずつ形を変化させながらも、おおむね江戸時代の立花成立時からの構成が受け継がれています。

　水際が一つにまとまっており、花器から上にまっすぐ「立つ姿」が美しいのが特徴です。

原形成立	江戸時代前期
構成	真(しん)・正真(しょうしん)・見越(みこし)・副(そえ)・請(うけ)・胴(どう)・控枝(ひかえ)・流枝(ながし)・前置(まえおき)

基本となる構成
本勝手の作品
（本勝手：「真」の曲がりが左にある形。
逆勝手は本勝手を左右反転させた形）

立花正風体は、木を「真」にする場合もあれば、草花を「真」にする場合もあります。また、通常はさまざまな草木を取り合わせて立てますが、「一色物」といわれるものは、メインとなる花と、それを引き立てる少ない草木だけで立てます。水面を見せず、白砂を見せる「砂之物」と呼ばれるものもあります。

基本となる形や枝の長さは前ページの作品のようなものですが、草木の特長を捉えて、あえて基本のバランスや構成を崩して、枝の力を強めたり弱めたりもします。

草花を真とした作品（本勝手）
木を「真」とした作品に比べて、柔らかく華やかな印象になります。

「紅葉一色」（逆勝手）
紅葉の美しい山の様子を表現しています。
気温の低い山頂の葉は赤く、それほど寒くない裾野の葉は色づき始めたころの景観を見せています。

「蓮一色」(本勝手)

蓮の花と葉を、それぞれ開いたものと閉じているもの、実と朽ちたものを組み合わせて、未来・現在・過去を示しています。

「砂之物」(逆勝手)

花器口には、水でなく白砂を見せます。二株で立てる砂之物もあります。力強く、横幅があるのが特徴で、花器は砂鉢と呼ばれるものを用います。

役枝の一部を強調した作品(逆勝手)

「見越」に用いられている柳のおおらかなななびきを見せるため、通常は軽く入れる「見越」を強調しています。

特徴ある草花を生かした作品（本勝手）

洋花の特徴ある姿が作品の見所です。和の様式の中でも違和感なく洋花が生かされています。モダンな空間にも合う作品です。

背の高い花器に立てた作品（本勝手）

花器に高さがあるので、全体が軽やかに見えます。役枝のバランスを変え、めりはりを付けることで躍動感が生まれます。

生花正風体とは？

　生花は「真」「副」「体」という三つの役枝が決められています。これはそれぞれ天地人に配され、真を人、副を天、体を地とすることで、天地によって人が成長することを意味します。

　立花と違い、針金やテープは使えません。枝の曲がりは、自然の曲がりを利用するか、手でゆっくりと折れないように曲げていきます。草木によって曲がりやすいもの、折れやすいものがありますが、お稽古をするうちにその特徴は覚えていきます。

　草木それぞれの特徴に加え、本来その植物がどのように生えているのか、どんな姿をしているのか、どこで育っているのかなどを総合して、池坊では「出生」といいます。この出生をいけ表すのが生花正風体です。しかし、枝葉を切ってただ挿すだけでは出生は見えてきません。用いる草木をよく知り、その美しい部分を見抜く力が必要です。

　出生をより深く知るには、普段から自分の活動範囲にある公園や、植え込みの草木に注意を払う必要があります。花屋に並んでいるものを眺めているだけでは、出生を詳しく知ることはできません。「花は足でいけよ」……これは池坊で古くからいわれていることです。

　生花正風体には、花のある草木一種類で

原形成立 江戸時代後期
構成 真（しん）・副（そえ）・体（たい）

基本となる構成
ハランを使った本勝手の作品。

いける「一種生」、二種類の草木を取り合わせていける「二種生」、三種類の草木を組み合わせていける「三種生」があります。季節表現を重視するので、当季の花を用いることが約束となっています。ただし前ページのハランは、お稽古花として花あるものを添えなくてもよいことになっています。また芭蕉やもみじ、万年青(おもと)やセンリョウをいける際も葉や実を賞玩するものとして他の花は添えなくてもよいことになっています。

生花正風体の場合も、原則は「草は前、木は後ろ」でいけます。ただし三種生はその限りではないとされています。

一種生（本勝手）

花を咲かせるボケ一種類でいけた作品。
一種類の草木の出生を捉え、その美しさをよく引き出して表現します。

二種生（逆勝手）

花の少ないボケに、季節をより明確にする椿を添えた作品。
花のない、または花が少なく季節表現に乏しい草木には、花のあるものを取り合わせていけます。

三種生（本勝手）

荒々しい枝ぶりのボケ、柔らかい表情のラン、命の息吹を感じさせる緑の葉による三種類の美を融合させた作品。
一種生のシンプルな美しさ、二種生の取り合わせの美とは違った、三種生ならではの表現が楽しめます。

生花による季節表現は多彩です。中でもかきつばたの四季咲きのものなどは、その性状がよく研究されており、季節ごとにいけ分ける巧妙な技法が伝わっています。

春のかきつばた（本勝手）
葉は生き生きとしていますが、花は低い位置にあります。

夏のかきつばた（逆勝手）
花は高い位置で咲き、葉にも弾みがあります。

秋のかきつばた（本勝手）
花は高い位置で咲くものの、葉が垂れ始め、先枯れしたものが見られるようになります。

冬のかきつばた（本勝手）
葉は色変わりし、力がなくなります。花は低い位置で咲き、物寂しい独特の風情が感じられます。

生花正風体は、さまざまな花器にさまざまな姿でいけられます。

　「二重切（にじゅうぎり）」という上下にいけ口のある花器の上口や、釣り・掛けのように高い場所には、垂れたりなびいたりする姿が美しい草木が使われ、船の形をした花器にいける場合は、船の帆や櫓（ろ）を表現する枝が入れられます。また、左右二株に分けていける方法や、最低限の葉と花でいける「椿一輪生」などがあります。

二重生
（上：本勝手、下：逆勝手）
「二重切」という竹の花器を使った作品。上口の花を本勝手とした場合、下口は逆勝手にいけます。

横掛（本勝手）
床柱に掛ける花器にいけた作品です。花器全体が横を向き、花器口も狭いため高い技術を要します。

釣り生（逆勝手）
「月」と呼ばれる花器を、天井から釣っていけた作品です。

釣り船（本勝手）

船の形をした花器を用います。真・副で帆、垂れたつるで櫓を示します。船首が左のものを「出船」、右を向いているものを「入船」といいます。

水陸生（本勝手）

左の株は陸地の草木、右の株は水辺の草木のため「水陸生」といわれています。陸地の草木の前には、陸を示す石を置きます。左右ともに水辺の植物を用いる場合は、「魚道生」といいます。水陸生や魚道生は、夏の風景を表します。

椿一輪生（本勝手）

その名の通り、花一輪と数少ない葉でいける作品。池坊の伝書の中に「一輪にて数輪に及ぶ道理なれば、数少なきはこころ深し」という教えがあり、それを体現した形です。1本もしくは2本の枝で真・副・体をそろえるため、多くの枝葉から理想の姿を見いだす目が必要です。

自由花とは？

　自由花は、発想・表現・素材・構成・手法のすべてが自由な花のことです。

　守らなければならない型や形もないので、立花や立て花以前の花も、もしかしたら自由花と同じようなものだったのかもしれません。

　自由花は何もかもが自由であるが故に、制作するにあたり、何から始めればよいのか戸惑うことがあります。自由過ぎて逆に困るという状況です。

　そんな時は「今日は何を食べたい？」というような気軽な気持ちで、「今日は何をいけたい？」と考えてみることです。これが発想であり、そこから表現方法、素材、構成、手法を選んでいくという流れで制作していきます。

　発想はさまざまなところから得られます。テレビや映画、街中のディスプレー、行事、イベント、記念日などなど。植物そのものが印象的で創作意欲を高めてくれることもあります。

　また、自由花では花器も表現の一部になるので、花器からモチーフが得られたり、花器そのものを作るところからアイデアが湧いたりすることもあります。

　さらに、自由花は植物以外の素材を用いても構いません。コンクリート、プラスチック、ガラスなどの質感が発想の発端となることもあるでしょう。

　自由に制作してよいということは、誰がチャレンジしてもよいということです。他の流派でも自由に作る花があるでしょう。では、池坊の自由花とは何なのでしょうか。

　大切なことは、「花が生き生きとしていること」です。ここには池坊の長い歴史による伝統的な美を捉える視点がなくてはなりません。構成や手法に固執するあまり、花が造花でも構わないというような表現では、池坊の自由花とはいえないのです。

成立 昭和時代初期　構成 なし

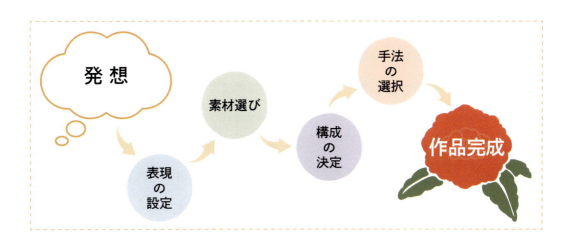

お正月をイメージした作品
水引飾りや獅子舞などのミニチュアを作品に添えて、お正月らしいおめでたい雰囲気を出しています。

暮らしの器を使った作品
家庭にある食器を用いて気軽に楽しめるのが自由花の魅力です。かわいらしい小さな花を盛り付けるように入れるだけで、おしゃれなカフェのような雰囲気に。

見せ方を工夫した作品

たくさんの器も、木の板の上に置くことでまとまって見えます。器の並べ方で、さまざまなバリエーションが生まれそうです。植物の高さや種類がばらばらでも、かえって面白さが生まれます。

壁に掛ける作品

小さな自由花は、壁に掛けてもかわいいものです。手紙入れやペン立てを利用し、中に小さな瓶などを入れれば、誰にでもチャレンジできます。

オリジナル花器を作ってみよう

メモ帳にパンチで穴を開け、そこに容器をセットすることで、オリジナル花器の完成です。

❶

❷

生花新風体とは？

　これまでの長い歴史で培われた伝統的美感の上に、生花正風体の格を保ちつつ、新しい感覚と時代に対応する花として考えられたのが生花新風体です。

　型はありませんが、「主」「用」「あしらい」という枝によって構成されます。「主」と「用」は、互いが表裏一体となる関係で、印象の強い方を「主」、もう一方を「用」として対応させます。あしらいは、その「主」と「用」の関係をより深める役割を持ちます。

　「主」と「用」の関係はさまざまに設定されます。長短、明暗、強弱、大小……これらを総合的に捉えて草木の取り合わせを考え、その中に意外性や対照効果、生命の輝きの表現を求めていきます。

成立 昭和52年(1977)
構成 主（しゅ）・用（よう）・あしらい

生花新風体
奥ゆかしい表情の花と、大きな葉を出合わせました。和と洋の取り合わせが面白い作品です。

生花新風体
同じ植物の葉でも青々とした部分と枯れた部分を用い、それぞれを対照させました。きれいな姿だけでなく、枯れた様子に風情を感じる感覚は、日本人ならではです。

生花新風体

二株で構成した作品です。右の株のおおらかな動きに対し、左の株の静かなたたずまいが印象的です。
二株に分けられてはいますが、草木の持つそれぞれの表情が融合しています。

生花新風体

伸びやかに立ち昇る枝と、葉の動きに躍動感を感じる作品です。小さいながらも鮮明な色を放つランの花が「主」となります。

生花新風体

葉を花器口より下までなびかせることで、何もない下方の空間が生かされています。メインとなる花の色を抑えることで、枝葉の持つ線の美しさや動きに目がいきます。

立花新風体とは？

　立花新風体もまた、長い伝統の上にある美感を有した立花の格を保ちつつ、新しい時代の新しい感覚の花として考えられました。

　生花新風体同様、型のない姿ですが、生花のようにシンプルな構造ではなく、一瓶の中で「主」と「用」の対応を繰り返し行います。また、必要に応じて「あしらい」の枝で姿を整え、全体をまとめていきます。

　立花と生花の大きな違いは、用いる草木の数や量よりも、「立てる」と「いける」の違いにあります。作者の意識下で、草木に対しどちらの心持ちで向かい合うかで、花型が選択されるといえます。

　立花新風体は最も新しい花型となりますが、決して一番優れた花型というわけではありません。型を守る伝統と型を破っていこうとする先進性が一体となって、池坊は発展していきます。

- 成立　平成11年(1999)
- 構成　主(しゅ)・用(よう)・あしらいの複合

立花新風体
大きく横に枝がなびいた作品です。
立つ姿の中に、さまざまな草木の立ち伸びる姿が重なり、それぞれが持つ性状の背景を想像させます。

立花新風体
立花正風体の持つ、型で表現される草木の美しさとはまた違う、自然の持つ総合的な美が感じられます。

立花新風体

「主」となる草木の奔放な姿が、ゆったりとした空間を生み出し、伸び伸びと育つ情景が目に浮かびます。取り合わせたピンクの花や葉も、「主」である白い花と同様に存在感を見せています。

立花新風体

立花正風体は、横に出る枝が構成の大きな要素となりますが、新風体には決まった役枝がないため、それぞれの枝葉の色、形、姿そのものを構成要素として取り合わせていきます。

立花新風体

連瓶で立てた作品です。
二つの花器を用い、前後左右の空間の取り方を考え、そこに草木が「あるべくしてある」というような必然性を感じさせるように構成していきます。
草木同士の関係性は、いけばなで最も重要な要素の一つです。

column

いけばな以外にも才能開花

連歌に長けた池坊専順

　連歌で花が詠まれることは多く、こうした文学的背景もあって日本人の持つ花への感情は深まっていきました。
　池坊の歴代の中にも、専順という連歌の名手がいました。
　専順は池坊の26世で、連歌では宗砌に師事。室町幕府の将軍御所での連歌始に参加するなど、大いにその道で活躍しました。
　また専順は、連歌の大成者宗祇の師であったといいます。宗祇が撰述した連歌撰集『竹林抄』には代表的な連歌師7人の句が集められていますが、その7人（連歌七賢）の中に専順が含まれています。さらに准勅撰和歌集『新撰菟玖波集』では、句数約2000句の内、専順の句が111句も入集しています。

画家としても一流だった池坊専定

　専定は、絵を岸派の祖である岸駒に学んだといいます。岸駒は『平安人物誌』にも記載された、京都を代表する絵師でした。そして、専定もまた『平安人物誌』や『画乗要略』に名前を連ねるほどの腕前でした。旧家元道場の「鶴の間」の襖絵は専定筆によるもので、現在はその複製を現道場の鶴の間で見ることができます。

鶴図
池坊専定筆
旧家元道場「鶴の間」襖絵

六角堂
境内案内

京都の市中にあって、
憩いの場として人々に親しまれている六角堂。
境内には見どころがたくさんあります。

不思議な魅力がいっぱい
六角堂を歩こう

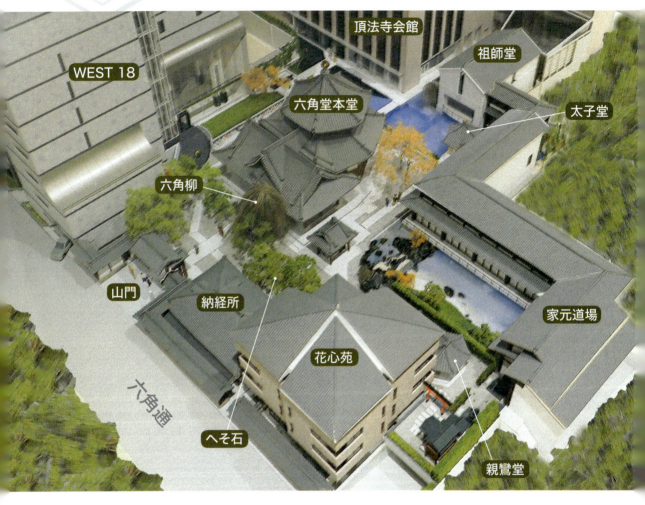

　ビルがそびえるオフィス街の中に、静かな佇まいを見せる六角堂。

　京都の人々から「ろっかくさん」と親しまれ、憩いの寺として、観光客や参拝者が絶えず訪れています（時々、ドラマの撮影やバラエティ番組のロケもしています）。

　そんなに大きなお寺ではありませんが、六角堂にはさまざまな魅力がいっぱい。

　たとえば……

・聖徳太子建立のお寺
・親鸞聖人が夢告を受けたお寺
・いけばな発祥の地
・へそ石
・縁結びの六角柳

　　　　　　　　　　　……などなど

　パワースポットでもあり、恋愛成就の祈願もでき、おいしいものも食べられる六角堂境内を皆さまにご案内しましょう。

聖徳太子の念持仏
如意輪観世音菩薩

　普段、私たちがお参りしている如意輪観世音菩薩は御前立（おまえだち）で、本尊は六角堂の奥に秘仏として安置されています。秘仏ですので通常は厨子内に納められ、お姿を拝することはできませんが、数年に一度、特別な行事に合わせて開帳されることがあります。

　厨子内の如意輪観世音菩薩は、高さ1寸8分（約5.5センチメートル）という小さなもので、聖徳太子の念持仏と伝えられています。本尊と御前立ではその姿が少々異なりますが、これは仏師が秘仏である本尊を想像して御前立をつくったからだといいます。

　『六角堂頂法寺縁記（起）』（池坊総務所蔵）によると、この念持仏は敏達天皇13年（584）に淡路島に流れ着いたもので、太子が前世において中国にいたときに、弟子に与えたものであるといいます。太子は、日本に生まれ変わったらこの観音像を迎えに使者を送ると言い置いていたものの、一向に使者が来ないため、弟子は観音像を海に浮かべました。それがはるばる東シナ海を渡り、淡路島へたどり着いたということです。

　寺社縁起でよく見られる仏像の由来は、三国伝来（インド、中国を経て日本）であることが多いのですが、六角堂の如意輪観世音菩薩は、前世においてすでに太子のものであったという点に特徴があります。それだけ聖徳太子にとって大切な念持仏であったということです。

秘仏　如意輪観世音菩薩坐像

ここが京都の真ん中!?
へそ石

　都が平安京に遷され、大路・小路の道路整備が計画されました。しかし小路が六角堂に当たってしまうことがわかり、それを聞いた桓武天皇が六角堂の移動を命じました。すると、空が黒い雲に覆われ、太陽が見えなくなってしまいました。そこで天皇の使者が恐れおののき祈ったところ、雲が晴れて、六角堂が15メートルほど北へ移動したといいます。

　六角堂の移動により完成した小路は「六角小路」と呼ばれ、平安時代の文献にもその名が見られます。これが今の六角通です。

へそ石

　本堂の前にある六角形の石は、もともと六角通にありましたが、明治時代に境内に移されたといいます。中央に丸いくぼみがあるため、平安遷都前の本堂の礎石ともいわれていますが、いつのころからか、京都の中心を示すという説が広まり「へそ石」と呼ばれるようになりました。

良縁を求める人々のおみくじが鈴なりに……
縁結びの六角柳

　植物辞典に学名「ロッカクドウ」という名で記されている六角柳。青々と茂った枝が地面すれすれまでに伸びる姿から「地ずり柳」とも呼ばれます。

　平安時代初期、妃を求めて祈願した嵯峨天皇の夢枕に「六角堂の柳の下に行くように」とのお告げがあり、実際にその通りにしてみたところ、絶世の美女がいて、妃に迎えられました。この逸話から、「六角堂の柳に願をかけると良縁に恵まれる」とされ、いつのころからか「縁結びの柳」として信仰を集めています。

　現在では、この柳の枝を2本束ねておみくじを一緒に結ぶと良縁に恵まれるといわれ、枝にはたくさんのおみくじが結ばれています。

縁結びの六角柳

2本束ねて結ぶ

聖徳太子自作と伝わる
南無仏の像を安置する
太子堂

　境内裏の池の隅に浮かぶように立つ朱塗りの小堂が、「太子堂」です。ここはかつて聖徳太子が水浴した泉があった場所と伝わっています。中には、南無仏の像（聖徳太子二歳の像）が祭られています。毎年、聖徳太子のご命日である2月22日前後には、「太子祭」が執り行われます。

太子堂

太子像

六角堂で夢告を受けた、
浄土真宗の開祖・親鸞聖人を祀る
親鸞堂

　「親鸞堂」は、親鸞聖人が六角堂に100日間参籠し、95日目に夢のお告げを受けて浄土真宗を開いたことにちなんで建てられました。ここには、夢のお告げを聞いておられる姿「夢想之像」と六角堂に向かう姿を自刻されたと伝わる「草鞋の御影」が安置されています。また、お堂の正面には、六角堂参籠から比叡山に戻る姿の親鸞聖人の銅像が立っています。

親鸞堂

親鸞聖人銅像

御幸桜とメジロ

いち早く京都に
春の始まりを告げる枝垂桜
六角堂御幸桜

『六角堂頂法寺縁記（起）』によれば、花山法皇の六角堂への御幸（みゆき）により西国三十三所観音巡礼が始まったといいます。それにちなんで境内の桜は「六角堂御幸桜」と名付けられました。

　白からピンクへと色を変えながら咲く早咲きの桜で、毎年メジロの遊ぶ姿が見られます。

いけばなの変遷や池坊に関わりの深い
貴重な歴史的資料を数多く展示
いけばな資料館

　池坊会館の3階に開設されている「いけばな資料館」では、室町時代から近現代に至るいけばなの歴史をわかりやすく紹介するため、池坊所蔵資料から約50点を選んで時代の流れやテーマに合わせて展示しています。

　見学は原則として予約制となっていますが、池坊の行事である「春のいけばな展（池坊中央研修学院祭）」（4月）・「旧七夕会池坊全国華道展」（11月）の期間中は、予約不要でご覧いただけます。

いけばな資料館

鳩みくじ

愛くるしい表情で、お土産としても人気
鳩みくじ

　丸々としたかわいらしい素焼きの鳩。止まり木に止まっているようにつかんでいるのがおみくじです。境内にたくさんの鳩が群れ遊ぶ六角堂ならではのおみくじで、若い女性に人気です。

六角堂でしか味わえない和菓子
へそ石餅

　「へそ石」を象った六角堂でしか食べられない名物菓子。小豆を練りこんだお餅にきなこがまぶされています。お抹茶とともに納経所内にあるお茶所でどうぞ。

へそ石餅

紫雲山 頂法寺 六角堂
京都市中京区六角通東洞院西入堂之前町248
TEL 075-221-2686
拝観時間 6:00～17:00（納経時間 8:00～17:00）
拝観料 不要　境内自由

参考文献

- 『図説いけばな大系』全六巻（角川書店　1970-1972年）
- 日本思想体系『古代中世藝術論』（岩波書店　1973年）
- 『いけばな美術全集』全十巻（集英社　1982年）
- 工藤昌伸『いけばなの道』（主婦の友社　1985年）
- 大井ミノブ編『いけばな辞典』（東京堂出版　1990年）
- 伊藤敏子『いけばな　その歴史と芸術』（教育社　1991年）
- 山根有三『華道史研究』（中央公論美術出版　1996年）
- 『必携 いけばな便利帳』（主婦の友社　1998年）
- 『いけばな美術名作集』全八巻（日本華道社　2002-2007年）
- 橘佳江「女学生と華道・茶道－明治期の京都府を中心に－」
  （『日本教育社会学会大会発表要旨集録』(56)日本教育社会学会　2004年）
- 『歴代家元譜 - 華・歌・仏 —図録・いけばなの流れ—』（日本華道社　2006年）
- 矢口徹也『女子補導団 日本のガールスカウト前史』（成文堂　2008年）
- 『いけばな池坊550年記念誌　花の礎　歴史・支部編』（池坊華道会　2012年）
- 池坊専永『新風体総論』（日本華道社　2015年）

いけばな池坊

歴史読本　History of Ikebana Ikenobo

2016年11月7日　　第1版第1刷発行
2020年 3月26日　　第2版第2刷発行

発　行　者　　池坊雅史
発　行　所　　株式会社日本華道社
　　　　　　　〒604-8134　京都市中京区烏丸三条下ル　池坊ビル内
　　　　　　　電話　075-223-0613（営業）
　　　　　　　　　　075-221-2687（編集）
　　　　　　　https://www.nihonkadosha.com/
編　　　集　　日本華道社編集部
撮　　　影　　木村尚達 他
デ ザ イ ン　　梅林なつみ　佐藤紀久子（株式会社ワード）
印刷・製本　　大日本印刷株式会社

©NIHONKADOSHA 2016 Printed in Japan.
ISBN978-4-89088-111-6
定価はカバーに表示してあります。
乱丁・落丁本はお取替えいたします。
本書のコピー、スキャン、デジタル化等の無断複製を禁じます。